不乱:极简管理的艺术

刘祯 著

文汇出版社

目录

序　在管理历程中领略管理　|　I

01 不乱：文明背后的管理秩序

管理：聚焦绩效　|　3

战略管理："中国兵法"　|　5

　　"慎"行：战略就是命运　|　5

　　不"乱"：赢在"聚焦·执行·共识"|　7

　　有"备"：持续积累·未雨绸缪　|　18

　　如"水"：动态竞争战略　|　21

　　专心致志，避免"使乱"|　22

组织管理："埃及金字塔"　|　29

　　破解金字塔的管理之谜　|　29

　　金字塔的合力构成组织能力　|　33

　　金字塔中"3"的管理智慧　|　36

文化管理："巴比伦法典"　|　38

　　创立企业要明示生存规则　|　38

　　为坚守规则投入成本　|　41

　　信条的力量来自深信　|　42

自我管理："印度心经" | 45
  吃饭不是为了填饱肚子，而是为了赶路 | 45
  对于一切皆空的人来说，要先"出色" | 46
  重新武装自己：五蕴皆在 | 47

02 成就感：国民财富的真正起源

"不择手段"：用行动创造成就 | 53
  一定要成功，没有任何理由 | 54
  拥有实力，没人可以阻止你的运势 | 55
  成就善行：比恶人更聪明 | 57
  用行动创造成就 | 58

分权自治：管理新秩序 | 62
  分工也是一项工作，得有人来设计 | 63
  合作：同时成就自己和身边的人 | 66
  为分权自治营造条件 | 68

企业创新：有管理才高效 | 73
  创新需要成果检验 | 74
  创新必须经过管理 | 76
  剔除创新的水分 | 83

有限理性：管理的底层逻辑 | 85
  管理的独特血统：顶天立地 | 85
  从理性到"有限理性" | 87

目　录

成就需要是可以被训练的：清扫四大障碍　|　93

03 管理：让一切成为最好的安排

任务管理：挖出绩效　|　103
　　把正式组织挖出来　|　106
　　通过任务来触摸正式组织　|　108
　　聚焦任务，平定"例外"　|　111
　　重新定义效率：深度挖掘人的绩效　|　113

品质管理：持续改善，永不封顶　|　125
　　别忘了对质量改进做出奖励　|　125
　　质量不是计算出来的，是改善出来的　|　127
　　顾客才是改善的中心　|　131
　　警惕自满：持续改善的大敌　|　133

幸福管理：关心任务与关心人合二为一　|　136
　　关心人：感性的事理性做　|　136
　　相互加持的正向气场　|　141
　　内驱力才是最大的激励力量　|　142
　　领导者和下属的微妙关系　|　149
　　锻造自身——领导者幸福感来源　|　153

营销管理：凿出空间　|　157
　　营销的视力测试：看见今天和明天的顾客　|　159
　　深耕：一点一点凿出大的生存空间　|　162

凿井路上的陷阱：多元化 | 165

收缩：少就是多 | 169

文化在悄然陪伴着我们 | 171

后　记 | 175

致　谢 | 177

参考文献 | 181

序

在管理历程中领略管理

常常在想一件很有意思的事情，一百多年前，自有管理学的时候，为什么颁发的是硕士学位？当然，我们可以想象各种丰富多彩的答案，比如，管理学好像很高端，是高级管理者的课程；再比如，年轻的学生没有什么经验，可能读不懂管理学。但是，当研究过管理学的历史之后，笔者才恍然大悟，原因并没有很多人想象中那么复杂，管理学并没有那么高高在上和难以接近，只是因为刚开始的时候管理学科体系性知识较少，没有办法开设更多课程，而把管理放在研究生阶段来深入学习，就可以有助于研究出更多的知识成果。

答案正是如此简单。现如今管理学岂止是开到了各个大学校园，也早已走进了大众的视野。原因依然很简单，因为这一百多年来沉淀了更多我们可以看见和学习的知识。只是今天稍微有点可惜甚至危险的是，有很多人热衷于流行的概念和知识，反而忽略了管理学基本功的修炼，事实上，如果一个企业管理者的管理学基本功不扎实，那么其管理的基本功就不扎实，整个企业的表现就会不稳，抓不住机会更经不起挑战，而对于一个人来说也是如此。

因此，今天已经和一百多年前不同，当务之急不是去开发或者品味那些最为前沿的知识，从管理者的角度来看，更恰当的做法是，先去吸收现有的管理知识财富。姑且不论那些最流行的概念自己是否可以驾驭得了，是否真的适合现在的自己，即便适合现在的自己，也会慢慢发现，原来自己更需要的是管理的基本功，那才是生存之基础。只是，当今层出不穷的海量概念仿佛把企业和个人对管理的认知水平都拉得很高，也把很多企业和个人的胃口吊得很大，反而让企业和个人忘了自己最朴实的一面——本身可能就是不太好，有很多地方需要一点点地改进。

历史这面镜子会让我们平静下来，审视现在的自己，其中沉淀的管理智慧能够让我们正视自己，让我们理性前行。不仅仅是因为一个企业和一个人在历史当中很渺小，更是因为我们自身就客观存在于历史当中，我们会创造的历史存在于未来，所以我们只能往前走，并且要走得更好。可是，如果不懂得美好背后的管理逻辑，也许就不能走好，愧对前人的血汗。实际上，管理成为一切进步的重要推动力。因为管理，我们会成为历史的亮点，照亮后人前行。

这就是本书希望展示给读者的，呈现管理是如何雕塑文明的。文明的人、文明的企业、文明的社会，这一切最好的安排，都离不开管理。因此，管理其实是现代文明的发展留给我们最好的礼物。事实上，在创造文明的过程中，我们就是自己的管理者。而作为一名管理者，管理的艺术就在于可以化繁为简，可以镇定自若，安心做好自己应该做的事情。越是在混沌和不确定的时期，越要提醒自

序

己保持不乱。不乱,将是动荡环境中的稀缺竞争力。这是穿越管理历史的极简答案,也是通向美好未来的一把钥匙。

刘祯　博士

2019 年 10 月

不乱：文明背后的管理秩序

在过去的一百年中,随着现代企业的发展,管理在其中的作用越来越被人们重视,同时,管理理论也随着这些实践活动不断被总结和发展,从而出现了有文字记载和理论记录的"管理百年"。管理理论至今有一百年的历史,但是,管理作为一种实践活动却远不止于此。

管理:聚焦绩效

管理理论的确是在过去一百年来逐渐成形,不过,管理不独属于某个时代,不独属于某个时代的产物,不独属于某个地区,不独属于某个企业和个人,也不独属于某种特定的模式,管理只和绩效相关,并且是绩效背后的生产力或者推动力,所以,有绩效的地方,就有管理。

从这个角度认知管理理论,当然要深耕过去百年形成的管理知识,但也不能陷入管理只是一种理论的误区。管理需要转换成为文字和理论,这样可以帮助大家更好地学习和实践,不过,管理本身必须是一种实践。这意味着,从根本上来说,我们认识管理,其实是看有效实践背后的管理规律，只有从绩效的角度去探索和学习，才能找到管理的真知。所以，不论是对于当下还是历史，不论是东方还是西方，不论是企业还是个人，绩效背后的关键因素，一定离不开管理，这才是需要我们挖掘并认知的地方。我们在谈管理的时候，一定是与绩效息息相关，换言之，管理本身指的就应该是有效的管理。有成绩的地方就有管理，反过来说也成立，并且更为重要，如果没有管理，就不会有绩效出现，这对人、对组织、对社会，都是如此。

人类社会的历史无比广阔，管理史也不等于历史的全部，从文字记载的角度来看，管理的百年历史是确定的，而在认识这百年管理之前，我们也不妨去看看人类社会早期文明背后的管理智慧。当我们把这些智慧挖掘出来就会发现，不管我们知不知道这个活动就是今天所说的管理，管理其实一直都在，一直都在陪伴人类文明的发展，一直都在陪伴社会的进步，更重要的是，一直都是人成长的有效工具。

在漫长的历史长河中追溯管理的起源时，我们不妨聚焦四大文明古国这个窗口，从起源中可以看到管理智慧的种子，这些种子播撒到世界各地并流传至今，成为支撑现代百年管理的立柱。社会文明的背后，呈现出的正是管理的基本面貌，战略如同大脑，组织如同骨骼，文化如同血脉，最后回归到个人，自我其实是一个人的内心折射，是行动的力量，是成就的源动力和根源。

战略管理:"中国兵法"

《孙子兵法》的"兵"并不是指一种兵器,也不是指当兵的人,而是战场的意思。商场如同战场,因此,这套兵法的方法论其实也是一套战略方法论。所以,"兵"所表达的不是器械的"械",而是战争和竞争的"争",由此,兵法就变成了争胜的方法。如果我们用管理的语言对《孙子兵法》进行重新定义,那么这套兵法的真正内涵其实是"竞争论"。

"慎"行:战略就是命运

对"兵"字的第一个特别说明是,战场是"国之大事",是"死生之地",是生死攸关的地方。所以,从某种意义上说,制定企业战略必须清楚的一件事情是,企业必须要"生",也就是要能活下来。古时候,参与战争的国家胜负与否代表着国家和国民的生死存亡;今天,参与商战的企业是否能够生存下来,同样代表着企业、员工的命运以及顾客的福祉,这就是战略的重大意义。

今天,一些置身商战中的人仍然没有领悟战略的重要性。当然,可能有些身经百战的企业家或者老板会反驳,毕竟自己经商多年,不会不懂战略。到底懂不懂,这里给出两个现象供企业家们参考判断,如果某个企业家深陷其中的一个,可能就是不懂战略;如果这两个现象同时发生,企业就更有可能面临重大的危险。

第一个现象是企业家忙得不可开交，但多是忙于日常管理事务。这正是很多企业家"忙"的原因，"捡了芝麻，丢了西瓜"，为了应对日常琐事，反而把最重要的战略丢了。不只是企业家，也许我们每个人都会深陷于这样的忙碌之中。某种程度上，正是因为没有集中精力于重要的事情，时间被太多琐事占据，当自己觉得时间不够用的时候，才说出"忙"这个词。事实上，也许我们本身可以不那么"忙"，也许一些事情我们本不应该去做，或者可以由别人来做，而不一定要亲自去做。"要事第一"应该成为时间管理的准则，而对于企业家来说，战略应当是首要的大事。

第二个现象是企业家在决策的时候喜欢"拍脑袋"，并且很有胆量，把大胆等同于果断和格局。于是就有了很多在战略上非常冒进的行为，甚至"胆大包天"，连法律都会忽视。这不是说一个人不懂法，只是当太过大胆、太过得意时，就有可能目无法纪、得意忘形。当企业家"自信"到忽视法律、法规和当地的文化，不遵守基本的商业规则和市场规律，不仅仅企业家个人会为此付出代价，还会连累更多人一起为后果承担损失。

因此，回到对战略的根本理解，这是命运攸关的事情，事关重大，事关众人，企业家必须花大量心思在战略上。更重要的是，战略不是儿戏，必须谨言慎行。《孙子兵法》中说："存亡之道，不可不察"。对于企业来说，"兵法"就是战略，就是企业的存亡之道，必须给予高度重视、深刻洞察，要谨慎设计，才能让企业有活路，并且可以持续存活。

如果我们领会不到这一点，就是没有理解战略。理解战略的意义甚至要比制定战略本身更重要,因为这本身就是一种战略,决定着企业家的精力分配,决定着企业家看待问题或抓住机会的水准。有时候,过于胆大不是在展示企业家的果断和魄力,反而意味着在战略上可能会有失水准。企业家讲话不打草稿,不一定代表企业家个人即兴发言的水平高,反而可能暴露出战略设计上的缺失。而那些看似精彩绝伦的即兴表现,通常也离不开背后的精心设计和准备。

这就是企业家的责任,在看待和设计战略上,一定要如履薄冰。战略是企业的命运,不是企业家一个人的命运。这也正是管理学中高阶理论的思想,高阶领导者的一言一行,都会影响企业命运的走向。

不"乱":赢在"聚焦·执行·共识"

《孙子兵法》对"兵"的第二个特别说明是,要在这个战场上活下来,需要"诡道",这正是管理中的竞争战略。不论是个人还是企业,要想赢,必须要问,怎样做才能赢。从这个角度来看,战略也是一种计谋,而《孙子兵法》中一个核心计谋则是"使乱"*,即搅乱对方,对方乱了阵脚,甚至不战自败,这就是兵法计谋的最高境界。敌方乱了,败下阵来,我方以最低的成本取胜,这就是最高效的取胜方式。

> ***使乱**
>
> 出自《孙子兵法·始计篇》中的"乱而取之"。——
> "兵者,诡道也。故能而示之不能,用而示之不用,近

而示之远，远而示之近；利而诱之，乱而取之，实而备之，强而避之，怒而挠之，卑而骄之，佚而劳之，亲而离之，攻其无备，出其不意"。当中的诡道很多，如"示形"（制造假象）、"利诱"、"使乱"、"使怒"（使对方失去理智）、"使骄"（使对方骄傲自大，放松警惕）、"使劳"（使对方劳累，容易被攻击）、"使离"（破坏对方的内部团结）、"突袭"等，"使乱"是其中一种非常有代表性的诡道。

◎ 聚焦才能不乱

当美的集团向格兰仕主导的微波炉市场进军时，格兰仕乱了阵脚，随后，格兰仕紧随美的集团的步伐，美的集团做什么，格兰仕就跟着做什么。最后，格兰仕的微波炉大本营没有守住，同时，由于精力过度分散，尽管涉猎多项业务，但是竞争力都不够强。这就是战略，美的集团就是在走自己的路，可是，格兰仕乱了。切记，在交战当中，"乱了"就是战略的缺失。

而当美的集团向格力空调发起冲击时，格力却和格兰仕有着截然不同的反应，格力似乎"无视"美的集团，依然坚守自己的空调业务，从而抵御住了美的集团的冲击。所以，格力就拥有战略，因为没有自乱阵脚。

从某种程度上讲，美的集团有一个极为聪明的进攻战略，叫做"使乱"，同时，格力也有一个极为聪明的防守战略，叫做"不乱"。

所以，两者交锋的结果是平局，推动市场共赢，同时跨入中国家电企业的千亿军团。

由此，战略其实是一种攻守之道，可攻可守，能攻能守。攻守合一，归结起来就是一点：聚焦。

去攻击对方时一定要全力以赴，否则攻击的力量不够，变成无效攻击，这些力量就会白白浪费。更重要的是，最厉害的进攻的确是防守。要拥有真正的竞争力，要在竞争中立于不败之地，最关键的是，要聚焦自己的领地，不要乱动，不要乱做。除非已经把眼前的事做得足够好、足够透彻，已经没有剩余可做的空间，否则一旦偏离领地，敌人必定有机会"乘虚而入"，自己的竞争力就会不保。

在产业交战中，很多人都喜欢提壁垒这个词，更有很多企业想建立起自己的壁垒。其实，壁垒就是城墙，本质作用是防守。而之所以在产业格局中会出现壁垒这个词，原因就在于跟风的习惯。可是，我们务必要非常清楚，跟风本身就是一种"乱"的表现，当大家都去盲目跟风的时候，自己不要乱，要稳住阵脚，把自己的基础夯实。

当自己取得成就的时候，自己成为了风向标，就会引来别人的跟风。这个时候，因为之前自己的不乱，积累了很强的能力。事实上，由于取得的成就非常扎实，表面看似是风向标，可是当很多跟风者真正跟进的时候就会发现，当中实际上隔了一堵厚厚的城墙，并且墙壁非常高，这就是自己不乱跟风带来的实力。所以，战略总是虚实结合，看似是虚，却非常实。

战略是一种实力,而不是一种虚力。作为攻击方,一拳打过去必须有力道,作为防守方,必须保存实力,不能分散实力,否则就会让自己变得虚弱。所谓虚实结合,说的是可以"虚晃"对方,去"使乱",但是自己不能先乱了阵脚,必须保持绝对的实力。

◎ 不要在执行上出现偏差

不乱首要是在战略上的"聚焦"。但是这个动作在实际中就特别难做,因为通常情况下,做战略的是老板,执行战略的并不是老板。做战略的和执行战略的往往并不是同一个人,否则公司就变成只有一个人了,除非企业还处在非常小的阶段。

执行中最为关键的是,要改变执行习惯。通俗地讲,就是我们要改变做事的习惯,这种行为习惯往往取决于思维习惯。在思维上,不是横向思维,而是纵向思维;在行动上,不是横向扩展,而是纵深策略。这才是有效的战略思维方式。

比如,当我们想要制定100万元的销售目标时,首先,从战略制定者的角度来讲,老板要先说清楚,这100万元从哪里来?在找答案时就不要用横向思维,不要从全国来,也不要从10个业务里来,就是从一个业务的一个区域中来,这就是纵深习惯。在这个点上做足功夫,再横向走。否则,竞争力就出不来,企业就没有办法立足。想想看,人并不是先学会走路,而是先学会站立。

其次,更关键的是,执行者也要采用同样的战略逻辑。为了保证这一点,老板永远要付出得更多,不能撒手不管,得和执行者在

01 不乱：文明背后的管理秩序

一起工作，确保大家没有偏离战略的焦点。否则，最后即使完成了 100 万元的销售任务，却是东拼西凑而来。在这种情况下，企业其实还是没有站稳脚跟，因为没有强力的支撑点，步履蹒跚，根本经不起风吹雨打，依然很容易倒下。由微波炉业务支撑的 100 亿和由诸多家电业务支撑的 100 亿，孰强孰弱一目了然，这也是值得与格兰仕类似的企业进行正面反思的地方。所以，战略制定者和执行者必须在行动习惯上达成共识，始终保持在聚焦的轨道上，才能在赛道上领先。

◎ 厘清角色，"上下"不乱

在企业当中，有时候一个人会扮演不同的角色，因此，我们必须特别注意"角色冲突"。如果一个人同时承担制定战略和执行战略两个角色时，一定要让自己"不乱"。之所以这样提醒，是因为现实中，有的经理人陷入了这种"乱"的状态而不自知。当爆发出重重矛盾时，自己也充满了困惑，可就是不知道答案在哪里，甚至牵连身边的人也跟着陷入混乱。

这是一种很危险的状态，因为会消耗自己和公司大量的能量，把能量消耗在困惑和不安上，却没有用在任务执行上，最终会损害企业的利益和自己的绩效。

其实，问题的症结就在于自己"乱"了，陷入了"角色冲突"。这种角色冲突是一个特别有意思的现象，因为如果我们不对自己扮演的不同角色进行梳理，各个角色不会自然分开。于是，就有了"乱"的表现。

典型的表现是，当一个人同时身兼公司级别的高级总裁和某个职能或分部的负责人时，有可能分不清应该在什么时候做什么事。比如，当和自己的团队在一起时，去讨论甚至去质疑公司的战略如何。更不好的情况是，这样的事情就发生在老板在场时。结果就会造成组织的冲突和内耗，这一切归根到底，是因为自己没有厘清角色。

当作为职能或分部团队的负责人时，一定要很清楚，核心任务是执行战略，并不是去讨论或者否定战略。这个时候最重要的是，帮助身为执行者的每个团队成员正确理解战略，带领大家表态并做出一致的行动。

如果作为分部领导者带着团队成员一起去讨论公司战略的事情，就会形成一种不良的组织氛围，主管作为团队的"头儿"去讨论甚至质疑战略，那么手下的人也开始每天去讨论和质疑战略。这个时候，公司的执行力就会低下，甚至整个公司就会垮掉。这正是一些公司乱和没有绩效的原因，也是一些公司的基层员工喜欢"操老板的心"的一个重要原因。

没人去进行有效的执行，最后老板不得不亲自去做，这就造成了组织整体的混乱。于是公司的最高领导者每天都陷入日常事务当中，没有办法去专心设计战略，而基层人员"人多口杂"，整天把时间放在争执战略上，结果整个公司陷入混乱并且形成一种恶性循环。这是真实存在的现象，也是非常可惜的现象，因为所有人都不成长，公司就不会有竞争力。

分部领导者同时也是公司级的高管，作为一个公司高层管理团队的成员,当然可以探讨战略,但是一定要注意情景,是在和老板还有公司级高管在一起的时候,并且是在一起探讨公司战略的时候才应该去探讨这个问题。订立战略之后要执行才有意义,战略不仅需要订立,更需要定力。

经理人一定要厘清自己的角色。并且要特别注意,是自己去厘清。随着人的成长,扮演的角色会越来越多,但是诸多角色并不会自动分开,必须由我们自己去把角色分开,否则一定会乱。

症结并不难解,可是如果不知道症结在哪里,就很麻烦了。找到症结,厘清即可解决大问题,这就是"四两拨千斤"之力,某种程度上这也说明了"使乱"的巨大破坏力,是可以让一家公司"要命"的。如果作为连接老板和基层员工的核心管理者能够不乱,就可以稳定军心。

只有从"不乱"的氛围当中成长起来的基层员工,才能学会如何稳定自己,才能有机会走进公司的核心层,才能真正让自己成为一个可以带领大家创造绩效的管理者,才能进一步让公司继续保持这种积极的氛围,才能影响身边的人正向成长,从而形成良性循环。也只有如此,不论身处于哪个层级的人,都能够得到真正的成长。

想做一个优秀的经理人并非易事。没有绩效,不仅仅经理人这个职位本身失去了意义,而且会对公司未来的发展产生负面影响。

经理人"上有老、下有小",一定要厘清自己的角色,不要发生角色冲突,更不要在无意中"带头捣乱"。那样的话,自己就真成了一个不负责任的经理人，上面的老板会血本无归，公司得不到有利的发展；下面的基层员工整天"捣乱"、不务正业，最终也成长不起来。

经理人也都是从基层员工成长起来的，需要警惕的是成为经理人后"膨胀"或者没有注意到自己的角色冲突。如果经理人可以意识到这一点，时刻保持警醒，并从自身开始做出行动的调整，就有可能成为公司优秀的事业合伙人，成为公司内部的企业家，甚至成为公司的接班人。这种冷静会让每个角色贡献出应有的绩效，并且可以影响更多人创造绩效，公司交给这样的人才放心，一个公司也理应由这样的人来统帅。战略就是命运，首席执行官不正是带领大家改变自己和公司命运的人吗？

◎ "左右"不乱，共创价值

除了"上下"之乱以外，各种"混乱"当中还暗含了一个不应该出乱的关键地方，那就是"左右"也不应该乱。

对于战略执行来说，有两个"乱"会使战略的力量释放不出来。第一个"乱"是"上下之乱"，因为战略要层层传导，再加上经理人的角色冲突，结果就会致使战略变形。第二个"乱"是"左右之乱"，是各个部门之间的冲突或者不一致，这种内耗会阻止战略这个有力的"拳头"打出去。

所以，做战略管理一定要知道，战略本身要聚焦，与此同时，战略这个拳头必须要能以充足的力道击中目标。因此，要确保这个拳头在上下传导的过程中不能变形，并且力量不能被消耗，必须被左右的合力加强。最可惜的是，一个本来很好的战略最后却变形了，打偏了，或者变得软弱无力。

而在"左右之乱"当中，最典型的莫过于研发与营销之乱。毫无疑问，每个人或者每个部门都想自己做得最好，并且都想证明自己最好。不过，相比别的部门，营销可能更幸运一些，因为证明自己好的方式不需要进行"二次转化"，销售额直接体现业绩，并且，这和公司的目标是一致的。而研发面对的境况要复杂一些，表面来看，技术人员想通过技术来证明自己并没有什么问题，但这又是一个很大的陷阱。

技术人员要明白，自己对技术的执着和技术的成就是两回事。以研发为代表的各个职能部门要证明自己的实力，不是借助职能本身，而是必须要进行"二次转化"。研发的实力不仅仅是通过技术水平来验证的，说到底，还是借助公司业绩来验证的。

我们说华为是一家技术公司，大家也都公认华为的研发能力非常强大，只有一个判断标准，那就是华为有着上千亿美元的销售业绩。反过来说，如果华为没有这么好的业绩，甚至多年来一点都没有成长，甚至是衰退的，那么，在这种缺乏说服力的业绩数字面前，不论如何，我们都没有办法去肯定华为研发能力的强大。而华为之所以做出了这么好的业绩，关键在于技术人员意识到了市场的重要，和市场人员共创价值。这样一来，战略这个拳头的力道就更足了。当公司各部门都以顾客价值为目标方向协同发力时，这一定会是一家非常有竞争力的公司。

◎ 技术人员不能乱来

技术人员不能自我感觉良好，不能陷入技术本身的成就，否则，就会给公司添乱，也会阻碍自己的进步。因此，对于技术人员来说，自我感觉良好也许是一种错觉，如果脱离了市场，技术人员对技术的偏执就不是一种坚定，反而是一种任性和乱来的表现。因为技术是拿着公司的重要资源来做的，再通俗一点说，技术是花钱的，并且通常是花了大价钱的，在公司的费用支出当中占据很大的比重。当然，这也说明了研发部门在公司中的重要战略位置。

偏离顾客的技术壁垒是弱不禁风的，没有销售支撑和验证的技术创新更是天方夜谭。想想看，公司的研发费用从哪里来？正是来源于业绩。对于任何一个技术强大的公司来说，计算研发费用的方法基本都是从销售收入中计提一定的比例出来，这就是最好的证明。如此来看，研发还有什么理由不重视销售数字呢？这不是在争论谁比谁更重要，研发、销售和公司的任何一个职能部门都很重要，因为公司是一个整体。能够从整体的命运出发来思考，这就是战略思维。

所以，技术人员要有意识调整自己成就感的来源，成就感不应只是来自技术本身，更重要的还要来自销售额。只有研发对销售额敏感，只有技术人员对销售数字感兴趣，研发和销售才能更好地合作，双方才能相互促进。研发只是代表，所有的职能人员都是如此。公司有了业绩，才能说明每一个部门和个人的成功。公司没有业绩，没有哪一个部门和个人可以说自己强大。

01 不乱：文明背后的管理秩序

当然，这对研发等职能部门负责人的挑战会更大，因为"上下"、"左右"都得兼顾。换言之，只有意识到这一点并让自己做到这一点，才是一个称职的经理人。不论是对于经理人的培养、甄选还是素质评判，这个过程的历练都至关重要，只有经过这个过程的考验，才能保证经理人和公司的绩效。

◎ 不要去赌人性

管理者不要去赌人性，不要去争论人性的好坏，人到底是性善还是性恶自古以来都没有统一的答案，也争论不清楚，唯一的共识就是要确保人要进化，要向善。与其花如此多的时间去争论，不如多花些精力去改善，多向好的方向前进一点点。我们不要总是生活在空想的状态当中，沉浸于天方夜谭，要回归现实才可以。

不得不承认，现实的确有非常残酷的地方。人类是不断进化的，但是，不见得当中的每个人都会相应地自然得到进化，有些人会停滞不前，会退步，甚至被淘汰，在人类进化的过程中退出舞台。

如此来看，对于个人来说，不要总是去讨论人性本身的善恶，而忘记了自己个性的改善。对于管理者来说，赌人性就等于赌业绩。可是管理者是不能赌业绩的，而是必须要保证业绩实现的。所以，就像我们每个人都不能假定自己可以不经过"外力"作用自然发展一样，管理者也不能随便假定身边的人能不借助管理就可以成长起来。

千万不要被"一个好的组织不需要管理"这样的话误导，这样的话一定是谎话，并且是非常不负责的说法。大家是一个生命共同体，要共同成长，就不能没有管理，没有管理就是对彼此的成长甚至生命不负责任。也因此，这里说的是"战略管理"，而不是只有"战略"，没有"管理"。这才是实事求是。

万物可以自然生长，但是万物必须经过管理和历练才能更好地生长。管理者要做的，就是管好自己，并且协调好身边的人，带动身边的人管理好自己，这时组织才能不乱，大家才能共同生长，共同进化。

有"备"：持续积累·未雨绸缪

要真正理解战略，第一要知道战略是一件"要命"的事情，第二必须要保证在战略选择和行动中的"不乱"，如果自己乱了，一定会败下阵来，这是战略的铁律。

要永远记得，战场不是试验场。虽然我们不应该无视科学规律去做实验，但实验失败了尚且有重做的机会，战场却不是任性的场所。"控制"是非常难的，能取得重大成就的人必然具备出色的自控力。这种稀缺性也说明了为什么能胜出的总是少数。学会聚焦和纵深，得到属于自己的竞争力，才能长出有效的本领；到每一个地方都学会扎根，才有可能行遍天下。

因为横向容易、纵深难，所以多数人会倾向于选择容易做的事情，但这个习惯从某种程度上说也是一种"陋习"，一个人要成功，就要克服这种习惯并一点点改善。战略必须是知难而进的，如果知难而退，只做容易的事，就不会赢得出彩。

知难而进和胆大胆小无关。有时候胆小的人反而可以攻下难关，胆大的人却提早退出或者败下阵来。能否知难而进，和意志力是否坚定有关，和付出是否肯持续有关，和自己的决心有关。深耕不是一朝一夕之事，战略必须要做持续的深耕和积累，这正是理解战略的第三件要事：积累。战略要有备而为。

世上无难事，只怕有心人。对于难事，要有备而战。企业战斗力的来源一定是持久的准备。所以，在战争中，除了"使乱"之外，另外一个"诡计"就是"攻其无备"，也就是我们常说的攻其不备。当对方没有准备的时候，就容易被攻克。

◎ 有备而战，应对危机

战略中的有备而战，有"备"包含了两个意思。

第一个意思是，企业的核心能力是来源于持续的积累。所谓核心能力，其实是企业通过长期积累才能获得的能力，比如华为研发的核心能力来源于多年持续的高投入。从这个角度来说，一般企业很难在短时间内做到，这就是核心能力的难以模仿之处，也是核心能力具有攻击力的重要原因。

除了持续积累以外，有"备"的另外一个意思就是未雨绸缪。不论是聚焦，还是未雨绸缪，本质上都体现了战略的慎行。战略既不乱走、乱战，同时，还要备足粮草让自己可以走得更远。万一遇到金融危机怎么办？万一现有业务有一天不再有竞争力了怎么办？这些都要预先考虑。

所以，战略是提前设计出来的。企业如果不去设计，更准确地说，如果老板或企业家不去设计，不去事先做好准备，当危机出现的时候，当现有业务衰退的时候，企业一定会遇到大麻烦，甚至垮掉。这就是有"备"的未雨绸缪之意。懂得这一点，企业在利润设计上，就要有一部分是为防范风险储备现金，还要有一部分用于未来的开发。

切记，一个是持续积累，一个是未雨绸缪，在这两个方面如果我们不准备好的话，那就给"天灾人祸"埋下了伏笔。

未雨绸缪是为了应对天灾，因为自然灾害一定会有，经济危机是周期性出现的，业务的生命也是有周期的，这些是自然规律，企业不能违逆生长规律，所以，必须从战略上未雨绸缪，做好准备。而持续积累是为了应对人祸，商场必然存在竞争，当对手"使乱"时，唯有自己通过持续积累培养核心能力才能抵抗竞争。这里要特别清楚的是，竞争力本身也是一种抵抗力，一个企业的抗竞争能力很强，也是竞争力强的一种表现。

如果自己无"备"，别人有"备"，那自己就很可能会被"攻其不备"了，或遭殃于天灾，或失败于人祸。反之，有备而战，就有了抵抗竞争、应对危机的战斗力。

因此，不要一味地顺其自然，有备才能无患。不要在自己什么都不做的情况下简单迷信"一切都是最好的安排"，如果我们不用心去设计、安排和准备，一切都很难成为最好的安排。

如"水":动态竞争战略

尽管战略在执行上要强调不偏不倚,在投入上要强调持续和专注,但是战略本身并不是死板的,是要随环境而变的。

"兵"作为战场,要慎行、要不乱、要有备,除了这三个战略要求之外,还有一个最为特别的要求,那就是战略要如"水"。所谓"兵形象水",是说整个战场是变化的,是灵动的,就像水一样,既然企业的生态环境如此,那么在其中生存的企业也应该如此,企业的战略行为就不能固化,否则也活不下来。所以,企业要有水性,才能够在动态的环境中如鱼得水。

而在兵法当中,所谓的"战神",也就是战无不胜的一方,正是因"变化而取胜",即"兵无常势,水无常形",能够因势利导,才可以战无不胜,才可以"谓之神",才可以"神乎其神"。从这个角度看,企业的战略是竞争战略,但同时,也是动态战略,准确地说,是动态竞争战略。

美的集团能够攻下微波炉市场,一定不是用同样的微波炉去和格兰仕竞争,否则就是一种纯粹的静态竞争战略,很难体现出优势。围绕顾客价值中最重要的健康需要,更确切地说,这正是最值得顾客付费的部分,美的集团通过开发出差异化的高端产品——"蒸功夫"微波炉去参与竞争,才让自己因变化而胜。

如果企业在战略上不懂得做出有效的变化,同样很难胜出,因为静态的竞争力是停留在过去的,不会发生在现在和未来。从这个角度来说，企业的战略设计要伴随着变化，一路都在变才可以，昨天、今天、明天分别会有不同的战略设计，才能持续保有优势。

因此，做战略，我们要先学会"纸上谈兵"，这个兵法就是：慎行、不乱、有备、如水。抛开这些谈战略，那才是空谈。

专心致志，避免"使乱"

现在有必要再次回到"乱"这个字上来，也许我们自己现在就正处于"乱"的状态。"不乱"是一种行动，管理的成效依靠的正是行为，因此，这个字在所有的战略要素中又占据着重要的战略地位。

这里补充几个现象或者人们的习惯来特别说明。对于"乱"这个字，我们一定要高度重视，并且再怎么强调都不为过，否则，就一定会失去有效性。当然，这些现象或习惯可能会有些"戳痛"我们或触动我们的神经，但这才是为什么我们一定要在战略上"不乱"的根本原因，因为从内在的习惯倾向上我们是很容易乱的，不进行设计和控制，任由自己发挥，一定会乱。

第一个是"横向排队"的习惯。仔细想想，的确有些令人尴尬，但我们必须先直面这种习惯，才能理解为什么会有如此多无效的"横向扩张"。

横向扩张的"横"和蛮横无理、横行霸道的"横"是同一个字，"横"常常让人联想到不讲道理、缺乏理智，甚至野蛮、独霸、恶霸。横向排队和开车"加塞"的行为，不管有意无意，都扰乱了秩序。如果是无意而为就更能反映问题的本质，说明了我们内在自发行为的局限性。战略上如此多无效的"横向扩张"：疯狂地开展多元化，疯狂地并购，疯狂地扩张……不能安下心来扎根纵深做好业务，而把更多宝贵的资源和精力用了横向扩张上。如果每个人和企业都热衷于这样的行为，就会带来两个无效的结果：一方面，企业和企业、人和人之间的竞争加剧，这种竞争更多是一种对抗和消耗，宝贵的资源和精力都在相互争抢的过程中浪费了；另一方面，由于这种横向资源的消耗，让企业和个人无法全身心投入自己的事业，无法达到足够的深度，也就不会拥有真正的竞争力。所以，很多企业会大而不强，最后倒掉；很多人做事浮躁，漂浮不定，最后也不会拥有专业度。这就是横向扩张带来的无效性。

第二个是"忘事"的习惯。我们每个人可能都有这样的习惯，甚至常常会责怪自己，为什么老是不长记性呢？以下情形大家一定不陌生：本来想去做某一件事，最后却做了别的事；或者，一开始并没有直接去做某一件事，而是做了很多别的事之后，才轮到自己最初要做的这件事。从本质上说，这不能直接归结为"忘事"，而是受制于我们的横向思维习惯，我们在思维上的不聚焦，才总是被突如其来的事件影响，这就是我们自己容易乱的原因。所以，即便战略制定者和执行者是同一个人，如果不加克制，也容易乱。这是个简单的"不解之谜"，我们直面自己的横向思维习惯，点透了本质，问题就可以解决。

今天，当很多人都去谈初心的时候，恰恰说明了我们很容易忘事,很容易不聚焦,很容易让自己"乱跑",乱到自己都不知道自己已经跑到哪里了,迷途之下,只能找回起点来提醒自己路在何方。

第三个是开会"跑题"的习惯。开会时,大家对一个主题"七嘴八舌",异想天开,最后变成了七八个主题,甚至离主题越来越远,从会议的正式主题跑到"家长里短",而越讨论生活中的话题,大家越起劲,尽管每个人都很活跃、很开心,可是已经离题千里了,连会议的性质都改变了,不能称作是正式的会议了,而想再回到正题上时,要么发现时间不够了,要么发现热情不够了,因为积极性已经被所谓更有趣的话题带走了,这时候正式主题反而受到冷落,会议也宣告无效了。不论如何,这样的"开会"都会变得低效,甚至无效,长此以往就养成了不好的会议习惯。开会是公司解决问题的必要手段,但同时也是非常占用大家精力的一项工作。从这个角度来看,会议其实不是一个名词,而是一个非常宝贵的"动作",因为这个过程中一直在消耗大家的能量,每个人都需要投入其中,因此会议必须始终聚焦主题,确保不乱,才能让付出卓有成效。

每逢开会大家都应该具备一个共识:要有主题,并且不能在讨论过程中偏题。虽说开会比较耗时间,但是,很多时候,开会不是时间不够用,而是时间都被浪费掉了,很多宝贵的时间都不知不觉消耗在了横向拓展中。

第四个是学生爱"实习"的习惯。一些大学生或者研究生一进大学就喜欢谈论实习或者找工作,可是,学生的第一要务是学习,研究生的主要精力也应该放在研究上面。专注的竞争力是需要有意识地训练的。在对的时间，做对的事情，本身就是对专注力的贯彻，而这正是培养核心竞争力的有效路径之一。毕业之后有大量的时间可以让自己工作，可惜的是，不少学生反而牺牲了宝贵的在校学习时间。虽然实习也是学习，却不等同于大学里的学习，所以，依然要有主次和聚焦。一个学生如果乱了，甚至不能保证毕业，而如果都不能毕业，在大学阶段再多学习之外的经历也会都变得没有意义。《论语》中的"君君，臣臣，父父，子子"，"不在其位，不谋其政"，实际上是说我们应该再简单甚至单纯一些，该做什么就做什么，不该想和不该做的就尽量避免，这样才会取得成效。事实上，大学本该是训练一个人聚焦的地方，学生如果在大学里学会自我约束，就不担心在未来的职业生涯中出乱子，因为拥有了定力，更不用担心给企业"添乱"，相反，增添的一定是可以专注的竞争力。有些时候，我们应该简单到像一个电器一样，拥有开关，在该开的时候开，该关的时候就关，用"开关"管理自己有限的精力，才可以更有效。从某种意义上说，另外一个现象与之相对应：很多人在进入职场后就整天想着学习，甚至想回到学校学习。这个想法不能说不对，但是，"书到用时候方恨少"，如果是因为自己之前没有把握好在学校的学习机会，就真的有些可惜了。

类似"乱"的情形，其实还有很多，甚至充斥在我们生活的方方面面。比如，打开电脑或手机看看自己的"桌面"和"文件夹"。看到这些"乱"的情形，应该足够触动我们的内心了，足够触动我们去以强大的战略定力来修正自己了。所谓的多元，也是有限多元，所谓的公司，是有限公司，所谓的完美、欲望和自由，也都是有限度的。限度的背后就是专注。

这些现象也是"使乱"这个诡计特别容易"得逞"的原因。但被"使乱"的人不能责怪别人，而是应该自省定力不够，否则就不能找到真正的症结，就不能改进自己。其实大道至简，以衣食住行的商业生态为例，如果从事服装行业的人不认真做衣服，却总是觉得食品行业更赚钱；同样，做这种衣服的人总觉得做那种衣服的生意会更好，就是不愿意花心思努力做自己能够把握好的事情；类似的，如果每个生意人都在三心二意，把注意力放在"别人"身上，总觉得"城外"和"隔壁"更好，总觉得自己入错了行，总觉得自己选错了人，总是觉得别人更好，而又不去欣赏和热爱自己选择的人，结果就会一团乱，顾客无法在衣食住行中获得更好的产品或服务，也自然不会在与衣食住行有关的各行各业中出现好的企业，这就是一个衰败的商业生态。商业的繁荣离不开各个产业的专业度，一个产业的繁荣也同样离不开各个企业的专业度。所以，可以积极地来看待"使乱"和"诡计"，这两个词既不是贬义词也不是坏事，正向对待，其实是要对自己提更高的要求。于是，每个人的潜力都会被激活，呈现出正能量。

最好的状态应该是：大家都不乱，专心做事，就能共赢共生。所以，战争也许还有另外一个结果，不是"一胜一负"的零和博弈，而是达成共赢共生，但共赢必须依赖于各自的专注。不论是学生、基层职员，还是经理人、老板，一定不能乱，否则就会丢失绩效。做到专心致志，上述这些角色也会共赢共生，学生可以成长为好的成员，好的成员可以成长为好的经理人和老板，这正是一个社会的

01 不乱：文明背后的管理秩序

顶层战略要构建的和谐生态。

* * *

以上就是中国兵法中蕴含的战略管理智慧，也是在追溯管理思想时本书给予的最重要和首要的篇章。这不仅仅是彰显战略管理的重要，也是对我们文化价值的自信和尊重。

现代管理理论发端于西方，并且在中国现代企业高速发展之前就已经形成了比较成熟的体系，因此，单纯从管理理论的角度来看，尤其是在概念名称上，多以西方为主导。这是现代管理理论的基本语言，这些语言是来自那个较为成熟的管理理论体系，并且已经是管理的习惯用语。

尽管如此，从管理思想的角度，我们数千年的文明不亚于世界上任何一个角落的智慧，这是值得我们去挖掘和珍惜的地方，也应该是值得我们反思并纳入现代管理实践和生活的地方。

在挖掘上也未必求多，毕竟历史漫长，重要的是，应该有针对性，找出管理的关键点，并进一步理解，才能做到真正的古为今用，并且是有效应用。这本身就是战略聚焦和不乱，否则，试图一次性消化几千年所有文明的各个细枝末节，我们又将失去焦点，学习也难有成效。把复杂的历史简单化，化繁为简，找出重点，呈现简史的深度力量，才是我们在历史中可以学到的真本领。

也许有些智慧距离我们太久远了，可能传着传着就乱了，甚至有些已经失传了。但是机遇在于，当我们今天聚焦管理时，回到让管理产出绩效的核心命题，又可以来重新挖掘其中的智慧。当这些古老的智慧再度闪光时,一定意味着文明的延续和再创。过去和历史都不是负担,不浪费历史的智慧才是明智之举,我们应该秉持这些智慧并且从现在开始创造未来。

当下就是未来的历史,恐怕只有珍惜每一刻,我们才能为后人留下些美好的东西,代代如此,一定会有更美好的未来。

组织管理:"埃及金字塔"

人们在描述组织结构的基本形状时,第一反应往往是金字塔型的结构,甚至认为理所应当是这种结构形状。可是,要认识事物,我们不能把任何存在都当作理所当然,这样就无法抓住事物形成的规律。组织结构是设计出来的,并不是随随便便就存在的。

同样的道理,我们应该认真思考为什么以金字塔结构来描述组织结构的基本形状,要探寻真正的答案,就不能忘了,真的有金字塔存在。所以,对于组织本身的认识,至少可以追溯到古埃及的金字塔。

破解金字塔的管理之谜

金字塔有着神奇的数字之谜。比如,数学家通过数学运算,可以把金字塔的重量和地球的重量巧妙地建立起关联,可以把金字塔的高度和地球与太阳的距离建立起关联。这种神奇的数字关联让金字塔变得更加神秘,不禁让人们猜测当中为什么有这么多神奇的偶然存在。

其实数学本身就兼具科学性和艺术性。金字塔的高度可以等于若干人的身高,那么人的身高也可以和金字塔建立关联,并且也可以和更多有意思的数字建立关联。如果继续这样思考和分析下去,就变成有意思的数字游戏了,如果我们把万物都数字化,借助数学关系，那么万物必然互联。

这是数学的发现，可是管理学不能从数字之间的关系去讨论数字本身，必须去挖掘数字存在的意义，并且要告诉世人，这些数字不是带给人数理趣味的，而是带给我们管理启示的，有助于我们的管理实践。所以，从管理的角度去认知，就不是去捕捉数字之间的偶然性，而是去探索数字存在的必然性。

很多金字塔之谜的爱好者都没有注意到的另外一组数字是，在陪葬的遗体当中，管理者和仆人的数量比例是有规律的，大致是1∶10，也就是一个管理者主管十名下属。这组看似再简单不过的数字，其实就是组织结构的雏形了。

从管理的角度来看，考古不是挖掘实物和数字本身，还要挖掘其中的管理意义，这样，这组数字其实就已经呈现了当年的组织管理状态。如果我们认识到了这组数字的意义，真正的历史就仿佛呈现在眼前。

◎ "维齐尔"的职责

这组数字揭示的第一层意思是：存在管理者。也许管理者这个词是一个现代的词语，但是管理者这个角色是很早就有的真实存在。在古埃及，"维齐尔"就是国王身边的经理人，"维齐尔"上有国王，下有仆人。因为这个角色的存在，就构成了组织的上下级关系。而每个人不同的穿着打扮，也彰显了每个人的不同地位和分工。

由此，我们认识组织，学习组织管理，其实率先要认知的还不是组织的结构本身，而是管理者这个角色的存在。

尤其是对于今天的很多经理人来说，首先要明确的是自己的职责，而从本质来讲，经理人是要两边负责的，一边要对老板负责，一边还要对下属负责，这两个责任合二为一，决定着经理人的绩效。

因此，经理人既要配合好老板，同时还要与成员合作，才能完成好自己的任务。这就是经理人的挑战，是经理人难做的地方，但同时也是经理人创造价值的地方。身为经理人一定要清楚，经理人只是一个角色，并不是独属于某个人的，如果自己不能胜任这个角色，就会由其他人来代替。说经理人是一种职业或者是一种事业，原因就在于此。而这份职业可以追溯到古埃及的金字塔时代。这就是今天金字塔型组织结构当中的经理人。

◎ 金字塔中的"1：10"

这组数字揭示的第二层意思是：管理者凭什么可以完成工作？答案就是后面的这十个人。

管理者一个人其实是没有办法胜任工作的，老板再聪明，没有经理人不行，经理人一个人再能干，没有下属不行。这意味着，管理者的真实绩效并不是单凭自己创造的，而是依靠身边的人完成。这就是一个人旁边有十个人的意思。

具体数字是多少，可能因人而异，对于执行不同任务的团队来说也会有所不同。一般的规律是，作为一个团队来说，人数不宜过多，大致十人左右，也许会更少，但一般不会再多了。因为如果人数再多的话，内部就会出现统计学中的"聚类"现象。所谓"物以类聚，人以群分"，一旦人数继续增多，人们就又开始"站队"，从而又继续进行分裂，之后可能又达到十人左右的稳定状态。

所以，老板要想"整"或者"搞垮"一个经理人也很容易，指派艰巨的任务，但是不给配人手，那么管理者再聪明都无济于事。这样说当然不是在"讽刺"老板，恰恰是在说一个非常重要的道理，经理人不产生绩效，也许是因为没能构建一个"1∶10"的执行团队。

经理人不能构建这种团队的原因可能有两个，一是老板没有配资源，二是老板配了资源，但是这些资源并不支持经理人的工作，是无效资源。别忘了人力资源是最为灵活的资源，是有生命的资源，经理人必须要想办法得到人力资源的支持。而解决这两个问题的根本在于，经理人能否赢得老板的信任和支持，因为老板是可以分配给经理人有效资源的人。这也应了一句老话，"领导说你行你就行，领导说你不行你就不行"。老板对经理人是这样，经理人和成员的关系也是如此。于是，老板最大，自上而下，金字塔的结构形态就形成了。

这正是金字塔"1∶10"这个数字比例科学的地方。这个数字比例一定不是偶然出现的，不是凭空想象出来的，必定是经过了一轮又一轮的组合与分裂，经过了时间和实践的锤炼，最后达到了一种相对稳定的有效状态。不然，这个比例不会形成规律，也不会延续到今天依然非常有效。

金字塔的合力构成组织能力

在今天看来，人们对这种结构往往有一个很大的误解，那就是老板的权力最大，所有人都要仰望老板。但这只是部分内容的呈现，或者说是一种表象。对企业而言，比老板大的是顾客，企业作为一个整体是要服务顾客的，也就是说，金字塔结构其实只是一个服务机构，结构从来不是目的，结构只是一个资源形态，这些资源通过一定的关联，上下同欲、左右协同，共同创造顾客价值。

所以，金字塔只是结构而已，不是目的。当然，在那个时代，金字塔可能被用于实现所谓统治者的目的，但是回到现代企业管理，金字塔结构的存在必须是服务于顾客的。这一点我们一定不能忽略，否则，如果结构本身成为目的，大家就会在内部争名逐利，造成资源的内耗和损失。如果远离顾客，即便金字塔本身有一定的稳定性，最终也会崩塌。

必须要特别提醒，尤其是在一个权力氛围很重的社会文化或者企业文化当中，当成员特别在意老板时，老板一定要特别在意顾客，这个时候，就能把大家的注意力转移到顾客身上，大家争取到的资源就会流向顾客，这正是金字塔结构的好处。

由此，组织结构必须跟随和坚守创造顾客价值的顶层战略方向，这样，结构所代表的一切资源就会聚焦在顾客价值的创造上。当结构作为一种工具时，其实是一把双刃剑，乱用就会出现问题，造成内耗、资源浪费，甚至权力滥用，但是，如果使用得当，就会真正发挥出结构的功能。

客观地讲，管理者的能耐的确是有限度的，这当中有两层含义。一是管理者自身技能有限，需要一个团队来完成任务，也就是上文所述的，老板需要经理人，经理人需要成员伙伴。二是管理者自身的管理能力也是有限度的，管理者既不能谁都不相信，就只是相信自己，最后变成"光杆司令"，也不能一味地扩充团队，太过高估自己的直接驾驭能力。

一个老板或者经理人可以有很多员工，但是能在身边形成深度合作的人，一定有限，任何个人都没有那么多精力和绝对的自信可以与无数人进行深度接触和合作。而对于管理者来说，一旦不能和自己身边的人进行深度合作，聚集的力量就会不够，力量不到位，执行力就不到位，自然不会拥有绩效。

所以，我们要看到现象背后的本质，团队人数未必要特别庞大，关键是竞争力如何。最有竞争力的组织一定是由若干充满凝聚力的小团队单元构成。这也许就是金字塔的样子，同时，这也许才是金字塔稳定的真正原因，不过，今天依然有很多企业没有领会这一点。

由此，务必要明确，我们的绩效的确是来自身边的人，更准确地说，是来自身边有深度合作的人。

这不是说我们不可以有更多的伙伴，而是在启示我们，当我们可以与身边的伙伴进行深度合作时，才有机会与更多伙伴进行间接的有效合作。如果我们每一个人都能够与身边的伙伴进行深度合作，那么，大家所形成的组织关系一定是一个非常强的合作网络。否则，如果我们每一个人都喜欢蜻蜓点水式的大面积合作，即便最后直接或间接建立了无数的合作关系，这种合作的力量也一定会非常有限，甚至非常薄弱。这就是一个大而不强的组织。

所以，组织应该要在意合作的力道，而不仅仅是合作数量的多少，不论是内部还是外部合作伙伴，都是如此。因为管理只在乎有效性，管理只和绩效相关。

这组数字揭示的第三层意思是：管理者在现实当中可以真实管理的幅度到底有多大。

这正是这组数字非常神奇的地方，整个金字塔的稳固，其实不仅仅是因为三角形是一个稳定的结构，真正保证塔身稳定性的是，管理者找到了适度的管理幅度。今天我们已经较少提及"控制"这个词了，因为有可能会带来误解，或者招致抵触情绪。尽管如此，真正的管理现实是，管理实践当中的大忌就是"失控"，大家不能凝聚在一起，不能按照事先约定的计划行动。事前说得很好，但是真正做事的时候各走各的路，最后乱成一片，没有任何成效，这就是缺乏深度合作的结果。

如果一个组织或者团队一旦失控，即便是三角形的结构，也会有散掉的危险。文化可以成为加固剂，但是，一个人直接接触的人员数量依然不宜过多。否则，不但害了管理者自己，也不利于下属的成长。因为根本无暇关照，就像是"放羊"一样。

金字塔中"3"的管理智慧

如前文所述,对一个组织或者团队而言,人太少就难以完成任务,但是人太多又会失控,会引发分裂,这就是团队管理的"火候"。当然,具体数字是多少依然不固定,管理者要不断去摸索,逐渐把握这个火候,就能让组织稳定下来。

但是,不论如何,团队的人数最好都不要少于三个。三也是个极富管理智慧的数字,因为至少要有三个人才能构成三角形关系,并且三个角色一定是合作的状态才能稳固成形,即相互扶持的合作才能形成三角形,这样就能够避免"三个和尚没水喝",形成"铁三角"组合,哪怕是"三个臭皮匠"也可能做到"赛过诸葛亮"。

所谓不多不少,这个火候大致会在3—10人之间。所以,可以精简团队,但不能过度精简,否则团队的能力就不够了。具体人数要具体分析,看任务需要和彼此磨合的结果即可。在满足任务需求的情况下,经过磨合,当可以彼此合作完成任务又没有过多或冗余的人员存在时,就是真正的精兵强将了。当然,为了保证团队的可持续性,可以预备一定的后备人员,作为机动人员或者未来培养的希望,但是管理者依然要算好经济账,后备人员同样也是精兵强将,不需要太多。否则,人力成本支出过高,当期都熬不过,又何谈未来的持续性。

很多人以为金字塔结构是僵化的,其实,这个结构比我们想象中要灵活得多。"1∶10"的数字比例本身呈现的是少与多的关系,这样才形成了以三角架构为雏形的金字塔形态。

所谓"三生万物",即三角形有机会变成任何形态的结构,服务于企业的目的。比如,可以变成倒三角,可以把两边拆开变平台。但是,这只是对组织整体的结构来说的,具体到当中一个个小的团队,比如老板和经理人构成的团队,经理人和执行人员构成的团队,本质上仍然是三角形或者金字塔的结构,要非常稳固有力才可以。这个结构本身可以从方向或者性质上发生变化,但是万变不离其宗,组织在动态的环境中需要一个动态的结构,最后在面对事情时,要有一个团队跟上。这就又回到了"1∶10"的数字比例上,这就是组织管理的艺术。

所以,组织形态就像是变形金刚,总是在为了执行任务而变化形状,但是不论如何变,每一个部位又异常坚固。组织是灵活的,团队又是坚固的,企业才能如同变形金刚,战无不胜,坚不可摧。

文化管理:"巴比伦法典"

一提到文化,不少人会认为是一个特别"高贵"的词,甚至常用有"没有文化"去评价别人。事实上恰恰相反,文化是个很通俗的词语,反映的就是一群人或者大多数人的生活状态。一群人约定,我们要在这个地方活下来,大家就得如何来做,从而形成了群体的生存方式,这就是文化。所以,文化的基本形态就是一种规则。从这种意义出发,说一个人有没有文化不能从学历的角度去评价,而是看其能不能适应规则,能不能和环境融合在一起。

创立企业要明示生存规则

古巴比伦的《汉谟拉比法典》被刻在了高高的石柱上面,记载了当时巴比伦人共同约定的生存规则。这也从另外一个角度说明,文化得有载体。这些未必是最早的游戏规则,但这里是较早正式记录下来这些规则的地方。

法典被刻成碑文,记载于一块高大的石头上,足以见得人类对于法典本身的重视。所以,文化虽是世俗之事,但不能视为儿戏,必须要有其庄严性。如果规则只是随口一说,就不会受人重视,甚至都不会有人注意到文化是什么。

暂且不论法典本身的内容,单从法典的展现形式就已经在启示我们应该如何有效地经营和管理文化。文化必须要去经营和管理，不然文化就不能延续下去。大家在一起生存或做事，要先说明在一起共生或者做事的规则，并且要让每个人明确地看到、知道。

这是我们很多企业在实践当中值得反思的地方，一些企业说自己的文化做得不好，甚至抱怨大家不按照规则做事，不妨先反问自己，是否明确订立了规则，这些规则是否真正让大家看到？古巴比伦的法典数千年后我们仍然可以看到，我们的企业规则的可见度究竟有多高呢？

任何人都不应该破坏大家共同的生存规则，但前提是，组织必须先有规则。创业者的大忌就是自己都没有订立规则就大谈遵守规则，更不好的情况是，自己都不遵守规则还让大家来遵守规则。如果是这样，就一定是没有理解文化的意义。文化作为规则得让大家看得到、读得懂，才具备被遵守的条件。

如此来看，古巴比伦的法典被称为"石柱法"绝不仅仅是因为刻在石柱上那么简单，这当中蕴含着重要的管理智慧。这个智慧并不复杂，但是特别容易被忽略，即文化不是潜规则，必须拿到台面上来，文化不是让人猜来猜去或捉摸不透，必须让大家能够看得见、摸得着。只有足够庄重，文化才能真正成为组织的顶梁柱，才能构成企业组织或社会发展的基石。

把文化刻在石柱上，也许是受限于时代的技术条件，而选用石头作为载体，但这样的做法却让文化不仅仅可以被当时的人们看到，还有机会使其流传至今。如果我们真正读懂了这样的文化载体所蕴含的要义，那么每当我们走进一所大学，看到石碑上的校训时，每当我们走进一家企业，看到墙上的企业精神时，不论是作为访客还是内部人士，都会有不一样的感受。之所以把这些大学精神或者企业精神刻在碑上、裱在墙上，一定不是为了一种形式，而是代表着大家共同的生存方式，是需要我们来尊重和遵守的。

认识到这些，我们不论是作为局外人还是局内人，对于这些组织的语言就不要再"视而不见"了，也不要再视为理所当然，要去自行体会。当我们品味和领会到其中的生存法则时，我们就真正拥有了文化，因为可以和组织融合在一起。有的人很讨厌规则，认为规则总是和自己过不去，总是会妨碍自己，其实是自己不懂得规则；而有的人很尊重规则，率先去读懂和遵守规则，规则非但不会设障，反而帮自己铺平了前进的道路，可以去做更有价值的事情，不会受到规则的打扰和破坏。虽然规则永远是底线，但规则之外有着更大的空间，当我们由于不能理解规则而时常沉浸在受制于规则的烦恼当中时，其实是约束了我们在规则之外的发挥空间。对于懂规则的人而言，规则反而意味着更深层的自由。

即便一个公司没有明示规则，或者习惯讲潜规则，我们也要先去主动把规则"吃透"。否则，就会在规则的底线上不断吃亏。这时候无论企业还是个人都会限制自己的发挥空间，因为企业也由于没有明示规则而让自己把很多精力浪费在了和成员的猜疑、交涉和博弈上面。所以，我们要把文化简单化、明确化，也许就是差一块"石头"让大家心定。

01 不乱：文明背后的管理秩序

为坚守规则投入成本

想想古巴比伦法典，再看看今天的"华为基本法"，就会知道，这套基本法正是那块让人心定的石头，这套法则就是企业和个人共同的生存指南。

很多人都去学习"华为基本法"，但是，追溯法则的源头就会知道，对法典本身的认知要比法典的内容更重要。因为这是法典的文化方法论，而法典本身的内容如同文化的内容一样，不同的地方有不同的活法，不同的企业有不同的活法，甚至不同的时代有不同的活法。虽然很多地方的习俗和活法我们是学不到的，但是可以学到背后的方法论。

很多企业都不缺价值观，却缺少价值观的沟通。更可惜的是，有些时候企业试图进行价值观的沟通，大家却并没有感受到，所以，企业也不是把价值观裱在墙上就可以了。管理者不要把这些后续的认知过程完全推给员工，还要付出更多的努力来让大家感知文化，哪怕是让大家知道有一个可以流传千年的法典石碑存在，也能够加深大家对文化的尊重和理解。

强生公司的"我们的信条"就是刻在石碑上面，数十年来一直都在。伴随这个石碑一起存在的是企业的口碑。"我们的信条"就是强生公司全体成员共同的生存方式，当大家很清楚这套方法论、都按照这套方式去做的时候，其实树立的是企业的口碑。

当然，金无足赤，人无完人。企业和个人不可能永远不犯错，重要的是，我们在犯错的时候，能不能拿出我们的信条来重新修正自己。二十世纪八十年代，当强生的胶囊在美国某个地区出现质量问题时，强生公司立刻直面问题，坦承错误，并且斥巨资收回全部药品，付出巨大的经济代价来承担自己的过失。这就是强生的信条。

可是，有的企业在遇到这类事的时候，枉顾自己的价值观，不能直视问题，为贪图小利出现的过失遮遮掩掩，而问题暴露出来时依然贪图眼前利益，不肯立刻采取行动，不愿最大限度地承担责任，一错再错，于是企业就真的走向不归路，最后倒下。

因此要明确，既想立规矩，又不想付出成本，这样的事情是不存在的。老板订立规则，第一个要付出的成本就是管好自己，否则就不能服众；众人也应当尊重规则，否则就会继续为规则垫付成本。强生为"我们的信条"付出了巨额利润的代价，才得到了真正的信条和信誉。"华为基本法"也是花了华为几年的时间来制定和帮助员工消化。哪怕我们要建造一座很高大的石碑，也是要付出成本的。

信条的力量来自深信

强生公司斥巨资承担过失其实是在用行动捍卫自己的信条，而这个行动又在无形中树立起了一根高高的柱子，这让"我们的信条"更加牢固，更加坚不可摧，这才是一块更大的"石碑"。

今天，强生公司的信条早已公布于世，要对顾客、员工、股东和社会负责，所以，我们并不缺"我们的信条"，我们缺的是对于信条的深信，这才是"石碑"的份量。强生的信条是用实际行动让世人看到的，这才是强生文化的稀有之处，即对信条深信不疑。这样的文化才能"走心"，才是刻在心里的信条，不仅仅是刻在员工心里，同时也刻在了顾客的心里。只有顾客觉得这是真正"走心"的文化，才会相信一家企业是好企业。这种准则或许也是企业可以在"客户端"赢得信任的法宝。

知识不会自动生成力量，当中必须要有确信和行动。知识本身就是一系列信条，有知识的人却不一定有力量，原因在于，不深信知识，甚至觉得知识无用。欧洲有激活市场活力的经济理论著作《国富论》，可是真正应用这套自由市场经济理论来解救自己和实现致富的却是美国。有些人总是不喜欢自己的专业，而更可惜的是，一些拥有高学历的人并不坚信自己的知识可以创造价值。反而是一些学历并不高的人肯去吃苦，不断学习，也许这些人没有收获高学历的文凭，但最终却见证了知识的力量。这就是"信仰"二字的意思。

信仰，就是西方文化的逻辑，这可以追溯到成文的巴比伦法典。当然，不论是巴比伦还是其法典，都影响了对西方文化产生深远意义的《圣经》。《圣经》中用巴比伦塔的故事告诉人们要齐心协力，否则就无法建造成通天高塔；而法典当中的工资法则也体现在《圣经》中，鼓励人们通过劳动来获得食物，食物正是最初的工资形态。其实工资本身也是法则，人不工作，就不会有工资，就不会有饭吃。不论男女老少，都应该好好理解工资这个最基本的法则，就会更加珍惜眼前的一切。不经劳动，没有什么是理所应当属于自己的。

此外，试想，世界上寿命最长的组织是什么？大学当属其一。

而今天西方世界中很多名校所坚守的大学精神也可以从古巴比伦的法典中找到渊源。不妨看看法典的信仰,"让正义之光照耀大地",或许我们就会真正明白一所好的大学的使命了,也会知道教育存在的意义,更会理解文化存在的光明之意,而这正是大学得以"长寿"的根本原因。不仅仅是大学,世界上任何一个长寿的组织都拥有对伟大信仰的深信,再苦再难,都会用行动去证明信仰的存在价值,推动大家共同生长。

追本溯源,我们应该能够理解文化的要义了,文化是大家的生存方式,并且是积极的,充满阳光的。

自我管理："印度心经"

有的人特别爱说一句话："你管得着吗？"这句看似非常不起眼的话其实暴露了我们在管理上的软肋。一方面，我们很喜欢去管别人，另一方面，我们又不太希望被管，甚至不愿被自己管束。可是这个软肋却是有效管理的致命伤，疗伤的办法只有一个，就是学会自我管理。

吃饭不是为了填饱肚子，而是为了赶路

一个人应该先管住自己，而不是去管别人，因为当管住自己的时候，自然能够与周遭和谐共处，也就不存在谁管得着谁的问题了，只有自己才是自己真正的主人。组织中的上下左右关系，人和组织的内外关系，本质上并不是管理关系，能管住我们自己的只有自己。当我们管好自己的时候，这些关系就会和自己发挥协同效力，就会出现绩效，反之，绩效就不会出现。

有三个饿肚子的人，第一个人说自己克制一下自己，心里不想就不会饿了，第二个人说自己要去别人那里要一点吃的，第三个人也是去要了点吃的，但不是为了填饱肚子，而是为了吃完马上赶路。今天，不少人对"空性"的理解可能就走向了第一个极端，让自己无欲无求；而也有一些人陷入了第二个极端，也就是我们以为的管理或者工作状态——设计、追逐薪资和奖金，但一些人又仅仅停留

在了这个部分并为此不停地角逐；但是，佛学带给自我管理的真正启示是第三个人的做法，这个人知道路在何方，粮草只是自己赶路的干粮。这个人就是"玄奘"。近年来商学院流行走"玄奘之路"，但我们真的走到玄奘的内心深处了吗？

对于一切皆空的人来说，要先"出色"

佛学源于印度，传入中国的历史最早可追溯到汉朝时期，《心经》是佛学经典。自我管理的本质是管理好自己的内心世界，但不等于无欲无求，更不等于自私自利、唯利是图，借助《心经》的语言，要求我们把自己的"空"和"色"驾驭得更好，用心来创造出更好的境界。

《心经》中说"五蕴皆空"。五蕴理论是《心经》中的经典，"五蕴"是指色、受、想、行、识。有的人学习国学或者传统文化，学完之后就呈现出一种放空状态，在整个学习的过程中内心的感觉都很好，但是学完之后就不行动了，更像是为了学习而学习，或者说是从生活和兴致的角度去学习，这适合一部分生活富足或者陶冶情操的人，但是对于另外一部分需要追求管理绩效的人来说，必须从管理的角度去认知和行动才可以。

道理很简单，自己现阶段属于什么样的人，就应该按照这个阶段的要求去学习，不要在身处追求管理绩效的时候，以陶冶情操的心态去学习。当然，也不用在陶冶情操的时候按照追求管理绩效的思路去学习。不论如何，在学习中获得新知和真知，就会有益于自己内心的平静，陶冶情操的人可以安下心来陶冶情操，追求绩效的人则可以安下心来更明确和笃定地为绩效去付出。

一些人只看到了"五蕴皆空"，可是忘了另外一句话"空即是色"，所以，我们也可以说"五蕴皆色"，这五蕴其实都是实实在在的存在，并不是"空"的，有自己的色彩。而所谓"色即是空，空即是色"其实是说内在和外在的关系，外在的行为必须要配合内在的修养，内外兼备，缺一不可。"空"不是完全放空自己，更不是让自己任性，而是要充实自己，让自己丰富多彩，为此，我们可以从五蕴的角度重新定义自己。

重新武装自己：五蕴皆在

"色"是一个人绽放的色彩，"受"是一个人所经受或者承受的挑战，"想"是一个人的想象力，"行"是一个人的行动力，"识"是一个人的认知，是一个人的辨别力或者判断力。

绩效其实就是要"出色"。我们要出色，就要能明辨、善行、充满想象，而且敢于承受责任、痛苦、失败，只有这样，才能绽放出一个人的色彩。大千世界无奇不有，在花花世界当中，有的人不能明辨、不做善行、不解放思想、不承受磨难，会长成一种模样；而有的人明辨笃行、敢想敢做，又会长成另外一番模样。这就是大千世界，这就是我们看到的环境，也正是《心经》所传达出的"境由心造"的意义。我们拥有怎样的内心呢？

最后，不要忘了"蕴"字的含义，蕴是合在一起的意思，所谓

"五蕴"，实际上是说这五样东西必须要合在一起，缺一不可。所以，一个人也不能有头脑但是不行动，不能只崇尚成功但是不能承受失败，这样就是"空"有头脑，就是"空"有学识。要真正管理自己，就要学会管理自己的全部，五蕴之间就会产生化学反应，五蕴之间相得益彰、彼此协同，才会真正拥有"五蕴"和管理绩效。尽管佛学中涉及放下，涉及放空，但千万别着急放下，着急放空，先得到和修炼自己的"五蕴"，再放空也来得及。

对于管理者和正在养家糊口的人来说，一定要从管理的角度来认知"五蕴皆空"。五蕴不是"皆空"而是"皆在"，并且五蕴要样样出色，从而做到"五蕴皆色"，这时再想想"色即是空"，才是真正的"五蕴皆空"。只有经过这一路"出色"的修炼，才能"放空"，才能真正理解和体会什么是"五蕴皆空"。唐僧师徒西天取经，不也是历经九九八十一难吗？

* * *

我们看到了人类文明中的诸多管理智慧，这些智慧是属于全人类的，不是只属于某个个体的。人类永远在进步，但是，具体到个人身上，尽管我们期望如此，事实却未必如此，甚至有时候人们会残酷到不关心某个人的存亡，唯有自己进步才是真正的生存之道。

行业和组织，组织和个人的关系也都是如此。行业的进步也不代表当中某个企业的进步，企业的进步也不等于某个人可以自动在这个过程中获得进步。因此，有的人会觉得企业无情，有的人会觉得企业有情，其实不是企业有没有情的问题，差别只是在于我们自己是否在进步。

所以,我们要用心去体会人类在进步中闪烁的智慧,要去捕捉、挖掘、触摸和珍惜,要用心去吸收,只有这个时候,这些知识才是自己的。人类为了自身的进步,会去消除、替代、或者淘汰一切阻碍人类进步的元素,诸如某种生产工具、原材料、产品、机器、劳动方法、技术、知识,等等,甚至包括无法与时俱进的人,不管我们是否意识到了这一点,不管我们愿不愿意接受这一点。其实解决之道并不复杂,就是跟随人类发展的主流一起进步。

这就是管理的秩序和生存的法则,也正是一轮轮的历史演变到今天的幕后推手。未来如何,只要管理这只"看得见的手"在,一定会有更好的安排。

需要扪心自问的是,我们真的"掌握"管理了吗?

回归绩效,就是实践者的生存指南。

成就感：国民财富的真正起源

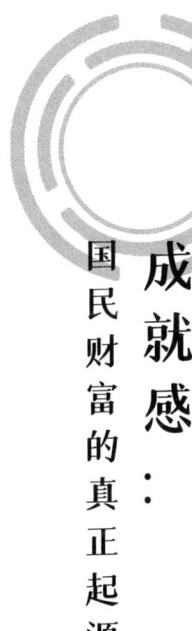

02 成就感：国民财富的真正起源

不乱和呆板完全是两种概念。管理者保证不乱，这是必要的行动原则，是绩效的重要保障。但是，这并不意味着管理者是死板的，是呆板的，恰恰相反，管理者必须非常聪明，要机智过人，要足够灵活，必须解放思想。如果我们每个人都能够在解放思想的同时又保持自律，那一定是一个非常具备竞争力的生命体。

"不择手段"：用行动创造成就

尼科洛·马基雅维利*是生活在距今五百年前的一位政治学家和社会学家，他出身于没落的贵族，后自学成才，登上了政治舞台，并且总结出了一套实践方法论，也就是著名的《君主论》。很多人也许会比较在意这套理论的名字，甚至在意这本书本身如何，但聚焦管理时，更建议读者回到马基雅维利这个人以及他有意义的管理主张上来。首先来看马基雅维利其人，如果我们可以有意识去挖掘他的人性特点，那么也就能理解他所总结的核心方法论了。

> ***尼科洛·马基雅维利**
>
> 尼科洛·马基雅维利（Niccolò Machiavelli，1469—1527），意大利人，代表作为《君主论》（*The Prince*）和《战争的技艺》（*The Art of War*）。管理学把主张"为实现目标不择手段"的"马基雅维利主义"（Machiavellianism）视作一种人格特质，纳入组织行为中个体的差异，有的人会在马基雅维利主义上表现得更强，有的人则表现得更弱。之所以引入这种工作特质，是因为不同的工作需要不同的特质，即做到"人格—工作匹配"才能产生工作绩效，对于挑战和绩效压力较大的工作来讲，比如销售工作，一般需要马基雅维利主义比较高的人才可能适应和胜任。

一定要成功，没有任何理由

马基雅维利取得成就的背后有一个最根本的原因——他是一个成就欲望极强的人。他出身没落，通过自学最后取得成就。他的成就来源于对于成功和权力的渴望，这也体现在了他的主张和行动当中。

有些人会认为能否取得成就要看出身，马基雅维利则用实际行动和方法论来告诉世人，驱动成就产生的根本力量是成就感，或者更直接地说，是成就欲望。不论一个人是深陷失败，还是身处困境，

02 成就感：国民财富的真正起源

这种很特别的成就欲望一定要有，如果没有了这种驱动力，就很可能与未来的成就失之交臂。

有些人可能以为著名的《君主论》是他在最有成就的时候写的，事实却恰恰相反，这本书是在他人生最为穷困潦倒的时候写的。马基雅维利的思想对西方影响深远，他的这本书是可以和《资本论》相提并论的作品。

马基雅维利在不惑之年入狱，出狱后一无所有，他只好隐居，过着一贫如洗的生活。他告诉自己，要无所畏惧，哪怕是面对死亡；他告诉自己，再贫困都不能让自己丧失信心；他告诉自己，要把过去的烦恼忘掉。就这样，在困境中他不知疲倦地专注于写作，于是才有了影响世人的《君主论》。而在此后有限的生命里，他著述颇丰，《君主论》只是其中的一部。

马基雅维利的方法论之所以流传下来，之所以被奉为经典，一定是因为他的思想在一定程度上贴合了后人的现实，所以，五百年当中才会有人不断去学习他的思想。这里并非说他的思想绝对正确，但可以肯定的是，其中必定有可取之处。

拥有实力，没人可以阻止你的运势

从管理的角度来看，马基雅维利的方法论有一个核心的观点和三条具体的思想。核心观点是，人必须要追逐成就，要取得成功。具体又包含三条通往成功的路径。

第一个就是要有点运气。虽然马基雅维利出身不好，也曾遭受牢狱之灾，但他并没有说自己运势不好。同时，他也没有憎恨运气，憎恨别人有好运，自己没有好运。这反而是比较客观地来看待运气。

不管怎么说，运气的确能够帮助人成功，有的人运气特别好，抓住了时机，于是成功了。马基雅维利则更理性和真实地看待运气——运气的"可持续性"如何。一个人可能会有好运，可是，运气未必会常驻，不可能有人可以连续单纯地依靠运气来成功。今天运气好，明天也许就不见得如此了。

从另外一个方面来说，厄运也是这样。这里我们必须要认真去反思，对于一个人或者一个企业来说，谁经受一次厄运都很正常，但是，不会无缘无故地厄运不断。如果一个人毕生和一个企业的发展过程中全部都是厄运，或者世界上所有不好的运气全部都降临在一个人身上了，如果真的有这种事情发生，也一定是有原因的，并不是偶然现象。

同样，好运连连也是如此。如果当真有所有的好事都降落在一个人身上的情况，这一定不是偶然，而是有其必然的原因。如何才能保持运气的"可持续性"？这当中的路径，就是第二条和第三条原理。

第二个就是要有真才实学。一个人拥有了真才实学，拥有了真正的能力，就可以打破厄运，并且为自己创造好运，而当自己通过持续的努力积累了深厚的底蕴时，就可以不断迎来好运。

回到马基雅维利的经历，纵观他的人生，也许有人会说他一生坎坷，尽管他如此勤奋，尽管他如此不被命运所折服，最终却也没有落下什么好的结果，的确，不惑之年一贫如洗，并且在知天命的年纪离开人世。但是不要忘了,他创作并留下了不朽的作品和思想,五百年之后,直到今天,都在影响世界。这个成就,古往今来,也没有多少人可以做到。这就是马基雅维利的真才实学,也是值得我们挖掘出来的正面的可学习之处。

成就善行:比恶人更聪明

第三个是要足智多谋。马基雅维利很坦荡地在看待人生和人性。当中极为特别的地方在于,他对人生秉持着极为积极的人生态度,人要奋斗,要不懈努力,要追逐成功,可是,他对于人性却不敢这样来下定论。因为事实就是,人性是不可捉摸的。所以,即便在他人生失意的时候,也没有否定对人性的管理,反而是对管理者提出了更高的要求。管理者必须要想尽办法扼杀掉人性中"恶"的一面,不要让这一面爆发出来,否则就会残害社会的秩序,造成不良影响。

在这里,有的人会批评马基雅维利,认为他把人性想得太恶了,可是,真实的情况恰恰相反。这样做是为了维护人类社会共同的利益,把不好的行为压制住,才能保证社会的公平正义,社会才是光明的。所以,这并不是理论本身的问题,任何事物都有两面,只存在批评家个人的心理和出发点是光明还是阴暗的问题。

面对恶人和恶行,马基雅维利提醒管理者,要比恶人更聪明。这里要注意,不是比恶人更坏,出发点和结果都是正向的。这就要求管理者要变得"狡猾",不仅要像狐狸一样,同时还要像一只猛兽，像狮子和老虎一样，要做"兽中之王"。管理者必须软硬兼施，必须足智多谋，并且可以与人斗智斗勇。这种灵活百变的权术要求应该算是最高的权变管理思想了。

在这个基础上，才有了今天几乎所有知道"马基雅维利主义"的人都听过的一句话，叫做"为了目标不择手段"。甚至有人一听到"不择手段"就又开始盲目批评。但在批评之前，我们又有多少人真正读懂了这句话呢？又有多少人真正知道背后的故事呢？

"不择手段"，从管理学角度是非常积极的含义，不仅仅要求合法的"不择手段"，更是充满智慧的"不择手段"，目的是维护社会的公平正义，同时，这种灵活多变的实践操练也有助于自己取得更大的成就。

回到一个人的成就上来，我们应该知道具体的路径了，并且知道，自己的运势是自己可以创造的。当中有两点至关重要，一是要有真才实学，二是要足智多谋，对于一个管理者来说，这两点缺一不可。如果这两点都不具备的话，就很有可能会厄运连连，所有坏事都降临到自己头上来，相反，如果这两点都具备，就能够为自己创造出运气，通过持续的努力必然会取得极大的成就。

要做善人，但更要做勤快人、聪明人，才能真正成就的善行。

用行动创造成就

这种正面成就感思想的播撒之地，必是个人成就和国民财富的发源之地。从某种程度上说，这也是为什么一些西方国家率先步入

02 成就感：国民财富的真正起源

发达国家行列的原因，因为总有这样的思想去浇灌大地，总有这样的思想去滋润人生，总有这样的思想在人的行动中生根发芽。

在行动创造成就上，沃尔玛的创始人沃尔顿*就是典型案例。在创立沃尔玛之前，沃尔顿经营的是非常小的商店，为了让小商店在竞争中可以活下来，他的经营哲学就是商品质量不能比对手的差，同时价格还必须比对手便宜。如果说这就是沃尔顿的经营哲学的话，可能很多人都会说这一点谁都知道。但是，我们不见得有这样的行动。为了降低商品的价格，他自己开车四处奔波，到处去找货源，同时，一个人完成全部的"物流"工作，非常辛苦，却把成本节约下来，让利给了顾客。所以，他的小商店可以在小镇中崭露头角。沃尔顿用近二十年的时间积累了数十家成功的小商店（单店年销售额十万美元级别）之后，到了二十世纪六十年代才开始向大型超市（单店年销售额百万美元级别）进军，也就有了沃尔玛。但是沃尔玛在当时的大型超市行业当中还是很小，当一些行业富豪们已经开始享受生活时，比如，把钱用来买豪宅、买游艇时，沃尔顿把积攒下的钱用作建仓库和车队，打造自己的物流和信息系统；当别人打高尔夫球的时候，沃尔顿则与自己的团队花时间开会来复盘和计划每周的经营情况。所以，沃尔玛虽然在当时是小企业，但是在事业本身的投入上要比同期的大企业更加专注，企业虽小但是在事业上投入的精力并不小，而有些企业虽大但是对事业的投入并不大，浪费了很多财力和精力，也因此，才有了沃尔玛与众不同的成就。作为一家后起之秀，在由诸多大企业占据并且竞争激烈的零售行业*里，它才可以脱颖而出。

*沃尔顿的奋斗史

1945年，27岁的沃尔顿开了第一家商店，年销售额7万美元，1950年，该店年销售额增长到25万美元，1960年，沃尔顿经营了15家小商店，年销售额合计140万美元，1962年，开始从小商店向大型超市转型，创立第一家沃尔玛超市，同期的凯马特有250家大型超市，年销售额8亿美元，1970年，沃尔玛开到9家超市，年销售额突破3000万美元，1980年，开到200家超市，年销售额突破10亿美元，1990年，达到1500家超市，年销售额达到260亿美元，1997年，沃尔玛年销售额突破1000亿美元，成为世界第一的零售企业。

*零售行业

美国零售业已有百年历程，西尔斯和凯马特都是早期的开拓者，当行业发展到二十世纪中期时参与者越来越多，竞争也愈加激烈，七十年代有四分之三的零售企业淘汰，而沃尔玛则持续增长，到九十年代成为美国零售行业霸主，至今在世界五百强当中依然保持数一数二的位置。

沃尔顿的成就也可以看作是来自"不择手段"的行动，只是，如此艰苦奋斗的手段又有多少人可以做得出来呢？又有多少人可以持续下来呢？回到成就感，如果一直看不到成就，很可能是我们的成就欲望不足，是我们的智慧和行动力不够。如果我们把宝贵的精

02 成就感：国民财富的真正起源

力过多放在成就感之外，去任性地追逐幸福，想毫无代价地获取幸福，不能取得成就也就不足为奇了。

当下很多人喜欢怀旧，总是觉得儿时的一切都是那么美好。殊不知，现在也是未来的过去；殊不知，现在渴望的儿时的美好是以父母或长辈的拼搏为代价。而今，我们必须用付出来换美好。否则就只有过去，没有未来。

对于过去，要更多地感恩，要感谢前人的奋斗才有后人的今天，但感恩不是言语，而是行动，能够创造未来才是真实的感恩。切勿用怀旧逃离现实，切勿用怀旧之心代替感恩的行动，切勿沉迷过去的幻影，切勿在过去寻找自己的成就感，切勿过度享受怀旧的感觉，回到现实当中，这对一个有责任创造未来的人而言是何等的重要。

这对于一个重感情、重恩情的民族来说，是必须要看到的真实一面。恩重如山的最好报答，就是在现实当中树立起一座真实的山峰，就是用行动创造出新的高度，登峰造极。

分权自治：管理新秩序

顾名思义，五百年前的《君主论》是探讨权力成就的理论，而两百五十年前的《国富论》则把成就的重心聚焦在财富上。也因此，马基雅维利是政治学家和社会学家，而亚当·斯密则是经济学家。由于企业所谈的绩效更多是财务绩效而非权力绩效，因此，亚当·斯密[*]对管理的启发更为直接。

> [*] "经济学之父"亚当·斯密
>
> 亚当·斯密（Adam Smith，1723—1790），英国经济学家，代表作为《国富论》(*An Inquiry into the Nature and Causes of the Wealth of Nations*)和《道德情操论》(*The Theory of Moral Sentiments*)。斯密常被认为是"经济学之父"，更确切地讲，他是微观经济学的创始人。"自由"是斯密经济学的核心，他主张自由的市场经济。正是因为这样的核心，在认可度上反而美国的接受程度更高，受其影响，也启动了美国的市场经济，从而激发了企业作为社会当中微观自由个体的活力。所以，管理学史在讲"管理学之父"（不论是讲泰勒还是德鲁克）之前，通常先会讲"经济学之父"，因为如果没有这样的"自由"思想，就不会有管理学的实践基础：高效的企业。延续自由市场经济的道路，现代企业和管理学从美国诞生，而不是更早在欧洲诞生，这从某

种程度上也反映了斯密的思想在当时略显保守的当地并没有得到充分的重视和发挥。斯密在大学任教时就主张经济的自由主义，不惑之年辞职回到故乡潜心研究，历经十年，完成《国富论》。

分工也是一项工作，得有人来设计

在亚当·斯密对于管理的重大贡献中，不少人都知道有一个特别的关键词，即效率。亚当·斯密论述的国民财富的起源正是效率，而效率则来源分工。关于分工的逻辑，不少人也都有耳闻，就是大头针的小故事，当每一个工作人员专门执行某一项工作的时候，就可以把这个工作发挥到极致，这样把每一个分开的工作聚合起来，要比一个人什么都做效率要高很多。但我们不能忽略的是，分工本身就是一件工作，这个工作正是属于管理的工作内容，由此，这就变成了管理必不可少的工作。

由于分工这个词今天已经耳熟能详，大家似乎会默认这个动作的存在。但如果没有管理人员专门来做这项工作，也许整个工作就会乱成一团，即便有自然形成的分工，也未必是科学的分工，在这种情况下，分工是难以带来效率的。

其实，斯密所主张的分工还必须要转换成为真实的管理工作才可以，这才有了一百多年之后泰勒[*]的科学管理工作。作为管理者，泰勒主动承担了分工的设计工作，而不是任由大家自由发挥，由于这种科学的管理工作对效率的提升，这才产生了真正的管理绩效。这个时候，管理作为一门科学才正式诞生。这也是为什么说现代管理迄今只有一百年的原因。

*开创"管理学"的泰勒

弗雷德里克·泰勒（Frederick Taylor，1856—1915），美国管理学家，1911年出版的《科学管理原理》(*The Principles of Scientific Management*) 被认为是管理史上的里程碑之作。从现在回看过去的两个世纪，包括十九世纪和二十世纪，泰勒的核心管理研究工作正好处在了这两个世纪的交界点，在十九世纪和二十世纪这两百年，世界贫富差距开始显著拉大，世界上最富裕的地区和最贫穷的地区的国民财富比例从三比一拉大到二十比一，最落后的地区没有变，而最富裕的地区则发生了改变，第一个一百年在欧洲，第二个一百年在美国，其中，泰勒开创的"管理学"所引爆的"效率革命"产生了重要影响。

事实上，十九世纪末美国的财富已经开始萌芽，但不是全社会的财富，也就是富豪或者富人已经出现，但是全社会的财富依然不足，原因就在于社会整体的效率低下。通俗地说，大多数劳动者还很贫穷，劳动效率低下。这个时候泰勒创造了一个新的角色"管理者"把这两个问题同时解决了，这个角色在某种程度上确实有资方色彩，却是来帮着劳动者干活的，帮助劳动者寻找高效的方法，同时，

02 成就感：国民财富的真正起源

承诺兑现更高的收入。因为更多劳动者效率的提升，不只是雇主的财富进一步扩大，劳动人民的财富得到显著提升，这时候才是社会财富的最大化，才有了革命性的变化，也是真正扩大社会财富是在美国的一个重要原因。

具体来说，泰勒的科学管理包含了四个原理，这四个原理也是要求管理者自己要做到的四个规定动作，一是帮助员工找到高效的工作方法（工作需要的知识），泰勒的方式是自己深入一线研究如何工作，有了实际的方法，普通的人都可以做出一流的工作；二是通过激励条件的沟通和共识让员工愿意听从管理者的工作安排；三是把高效的方法教给员工；四是当员工执行方法获得绩效时，兑现激励条件的承诺，和员工真正形成合作关系。泰勒在钢铁厂的效率实践成了美国社会的一个成功试点，引爆了美国社会的效率革命，例如，亨利·福特在福特汽车公司寻找更高效的流水线作业方法，并且基于此与劳动者做更多的财富分享。

管理者必须去做分工的工作，这是斯密带给管理的第一个重要启发。如果管理者不去做，不要指望着这个工作可以自动开展得非常有效，即便有一天可以自发开展到井然有序，但这个过程一定会消耗大量的时间，会浪费很多不必要的成本，这本身就是无效的表现。

合作：同时成就自己和身边的人

另一个容易被管理者忽略的地方在于，即便设计出了分工，也要经过整合才能达成绩效。没有整合，依然不会有绩效。所以，管理者不能只会做分工的工作，不能只是做完分工就可以了，得保证这一切井然有序地进行，并且要最终合一，成为一个整体上的绩效。这就是管理的组织工作了，而这个部分的工作重心就是整合，当中的核心就是合作。

不论是一个人还是一个部门，在一个环节中，不能只保证自己的部分实现，还得确保身边的人和部门的任务可以实现，这样，自己才能获得绩效，因为大家构成了一个整体。如果只是自己做成了，即便自己的部分做得很好，当身边的部分没有做好时，最后整体上也不会有真实的绩效。所以，彼此要有相互帮助和相互成就的意识，不能只关心自己，还要关心他人，这样，组织整体和每个个体才有绩效。也因此，紧随科学管理之后，马上就是组织管理，一个强调分工，一个强调合作，才奠定了现代管理的基石。

可能很多企业的成员已经习惯了分工的工作方式，这里还有一个特别的提醒：不要认为不在自己工作范围之内的事情就和自己无关。对于一个企业来说，不谈分工不是一个好的文化，可是，只谈分工也是一种会出现问题的工作氛围。

在企业当中，一个人永远都有两个角色，一个是主角，一个是

02 成就感：国民财富的真正起源

配角，主角是做好分内之事，配角是做好配合之事，帮助彼此成就分内之事。所以，我们鼓励成就感，更要知道，自己需要和其他人在一起相互成就。如果一个企业拥有这样的氛围，更有助于绩效的实现，对企业、对个人、对成员彼此都是一件好事。

这个习惯同样不会自动生成，管理者自己要意识到，并且要提醒身边的人意识到，在这个基础上，大家这样去做，之后不断去感受这种合作带来的成效，就会逐渐建立起组织的合作氛围。这样就会减少很多内部无用功的消耗，这正是组织这项工作可以贡献的效率。只有善于合作，我们一个人才不至于那么疲惫，才不会"单打独斗"，孤军奋战却仍然不见成效。从这个角度来说，合作也是在为彼此减轻负担，何乐而不为呢？

合作对小一点的企业来说相对容易，因为大家距离近，常常在一起。但是，企业会慢慢长大，成员彼此间的距离却有可能远了。这就要求，首先，企业要在小一点的阶段就培养合作习惯，让合作的习惯和氛围陪伴企业的成长，让成员彼此一直紧密地在一起共同成长。

其次，当企业变大的时候，不仅仅是要从组织整体上谈合作，相比谈宏观，更要谈微观。比如，对于一家1000人的企业，如果只呼吁1000人要彼此合作，大家其实是没有感觉的，因为范围太大了，触碰不到真实的彼此。最关键的是，要细化到大家可以彼此触碰的任务单元，也就是10人之内的任务小组，这个时候，再具体谈合作，大家就能够明确感知到彼此的扶持。务必要清楚，合作不仅是一种理念，也不仅仅是一种感觉，必须是真实存在的行动，并且是彼此可以触摸到的真实行为。没有付诸实际行动，就是为什么很多企业每天都谈合作，最后却变成空谈的原因。

我们要建立微观的行为视角，这和聚焦的逻辑是一样的。比如说寄一封信，如果只写国家或者省份，可能永远送不到收信人手中。这就反映了也许很多人都忽略的一个细节，西方人写通讯地址，一定要先写清楚门牌号，再往大里去写，不写清楚具体地址，邮件就无法投递了。类比管理，也是必须要明确落地的。这也恰恰是为什么在我们的行为习惯之下，一定要注重细节并落实的原因。这就是管理者该做的工作，谁都绕不过去，谁都不会替我们去做。

所以要注意，任何事情，总得有人落实。哪怕是按一下门铃，哪怕是关一扇车门，哪怕是打一个电话、发一条信息，哪怕是一句"您好"，也得有人去做、有人去说、有人去设计才行。"无人落实"也是一些快递公司会出现问题的地方，会发生一线人员与顾客之间的误解和冲突，甚至是经济损失，可是事实上，责任并不只在一线人员，管理设计者是要承担责任的。如果说一线人员也有责任，那就是还没有真正管理好自己，没有真正朝着绩效的方向激活自己，所以执行力和创造力都被自己埋藏了起来。不论多小的事情都要有人来做。这就是管理的微观方法论。

为分权自治营造条件

还有一个我们可能没有读懂斯密思想或者没有认知到经济本身

02 成就感：国民财富的真正起源

的点在于：智慧的思维方式永远是刚柔并济，管理当然要进行从全局到个体的把控，要考虑得非常周到，但并不意味着个体没有自主空间。所以，在对斯密经济思想的认知和吸收上，我们很多时候只看到了分工带给管理的启示，但常常忽略了属于斯密经济思想本身的一个重要特征，那就是强调经济的自由性，也就是我们都知道的市场经济，要让个体的力量得到释放。

遗憾的是，斯密的这种独特认知在当时的欧洲并没有得到充分的重视，或者说没有得到真正有效的执行，很多主流的经济学家站出来批判这样的新思想。所以，紧随《国富论》，当时主流的政治经济学界就开始发布《人口论》，以此来打击斯密的新思想。《人口论》的主张是要控制人口，因为人口的增长可能会跟不上社会财富的增长，再通俗一点说，就是不能让人口增长的速度快过食物增长的速度，否则人就没饭吃了，国家就供应不足了。事实上，斯密是经济学的奠基人，却没能迎合政治经济学的口味，也因此，经济学在那个时代变得愈加乏味。

这些反对的声音听起来合乎常理，却从根本上限制了人的成长空间，会在无形当中束缚一个人的自我价值和创造能力。欧洲诞生了最为先进的财富思想，最终却放慢了财富发展的步伐，这是非常可惜的事情。一个重要的原因正是在于先进的财富思想没有得到快速的认可和执行。在这种情况下，即便有再强的工业革命，但是内在成就上的心理革命不足，进步的节奏就没真正跟上，爆发力就没释放出来。

有意思的是，虽然这些先进的财富思想在诞生地受到压制，却在另外一端被迅速提到极高的位置上，这个地方就是美国。很多人都没有注意到一个细节，《国富论》和《独立宣言》的诞生是同一年，都是1776年。《国富论》提前《独立宣言》四个月面世，一无所有的美国却将其视若珍宝。

想想看，美国从一无所有到短短的两百年的时间里成为世界强国，靠的正是个体的崛起，当时的美国采用了斯密的市场经济观点，开始在国家管理结构上布局，这个最重要的布局就是各个州的分权自治。让个体崛起就成了美国崛起的方法论，这就是为什么到今天为止，大家都说美国是英雄主义文化的原因。

不论是国家还是州，一定要有秩序，各个层面都不能乱，所以美国才会有一系列关于国立和州立之类的动作，不论是法律还是大学。而这种做法对当时美国的有利之处在于，既保证了秩序，同时也保证了自主，所以才叫做分权自治。

这个布局方式最后进入管理学，也是因为美国的大企业同样开始采用这种方式来进行管理，并最终取得成效，这种方式正是事业部结构。在二十世纪的上半叶，当管理学把这种实践方法论沉淀下来之后，很多企业也采用事业部结构获得绩效，也包括中国的企业，比如美的集团。

尽管如此，经济所主张的"自由"这个词也给管理带来了很大的挑战。这也是经济不等同于管理的原因，同样，也是管理不可替代的原因。从某种程度上说，也是管理更能贡献微观真实绩效的原因。经济很"大胆"，认为在市场当中总有"看不见的手"会让彼此供求和制衡，但是，管理并不是反对派，并不是像部分人口理论那

02 成就感：国民财富的真正起源

样以压制的方式去面对经济，反而是在自由经济的基础上增添了更为细致的设计，从而确保真实的经济绩效发生。

回到真实的企业管理当中，管理从来都不单纯谈分权，而是要加上"自治"这两个字。管理当中更重要的逻辑或者前提在于，可以分权，但是个体必须要有一定的成熟度，要有一定的自我管理水平。如果个体不可以自治，企业或者管理者就很难做到分权。这是分权自治的理念进入现代企业管理中又进一步得到发展的地方。但分权不是彻底的分权，因为彼此依然是一个合作的整体；同时，分权也不是毫无条件的分权，不是一种盲目行为。

可以说，《独立宣言》之后的美国治理采用分权自治是一种孤注一掷、没有办法的办法，甚至带有一定的偶然性，恰好和《国富论》的新思想同时出现，所以，美国面对偌大国家的治理，一开始就采用了这种方法。企业则有所不同，因为有从零开始成长的连续性，企业不是一开始就有很多人，而是一点点成长起来的，分权自治总是在企业达到一定的规模之后才可以去做，并不是一开始就去做。因为企业只有在达到一定规模的过程当中，才逐渐培养起个体的自我管理能力和成熟度，才逐渐具备分权自治的条件。不论是规则意识还是对人的培养，这一点一定不能忽略，否则，终究有一天规模的成长会因无法做到分权自治而受限。

这就是管理的魅力和智慧。一个人同时有两个角色，一个是主角，一个是配角，这让共同工作的彼此形成共同体。而作为一个管理者来说，又同时有两只手。一只是"看不见的手"，采用自由经济的方法论，要给大家自由发挥的空间；另外一只手则是"看得见的手",要让大家看到自由的边界,要保证大家不乱和聚焦,要帮助或者教会大家成长为具备自我管理习惯的个体,保证真实的绩效发生。这才是真正的分权自治,这样的个体之间彼此扶持,必定释放出无尽的光芒。

企业创新：有管理才高效

两百五十年前，亚当·斯密原汁原味的正统经济学并没有得到当时政治经济学家的青睐，相比美国，这个财富来源的发现在其发源地呈现出来的爆发力明显不足，这也让原汁原味的正统经济学逐渐变得索然无味。直到百年之后欧洲的另外一位政治经济学家出现，才让经济学在市场上又重新热起来，这个人就是约瑟夫·熊彼特*，因为熊彼特增加了一个特别的元素——企业家。

> ***约瑟夫·熊彼特**
>
> 约瑟夫·熊彼特（Joseph Schumpeter，1883—1950），美籍奥地利经济学家，代表作为1912年发表的《经济发展理论》(Theory of Economic Development)，该著作提出了经济发展的新动力——创新。创新是对效率的重要补充，对于企业成长而言，两者缺一不可，创新更多是在创造机会，只有机会多，人们才有事情（对企业整体来说也可以指业务或者事业单元）可以做，才可以有效率地做事情。熊彼特也被誉为"创新之父"或"创新经济学之父"。

创新需要成果检验

熊彼特是继斯密之后又一位点燃企业管理思想的经济学家,因为熊彼特,企业家精神或者说创新精神又再度丰富了现代管理思想。自幼随熊彼特学习的彼得·德鲁克*也耳濡目染,对企业这个神秘的组织产生了极大的兴趣,于是年轻的德鲁克从二十世纪三四十年代开始,从政治经济学和社会学领域毅然转向尚未明朗的企业管理领域。正是他持续的探索和实践,才奠定了现代管理学的根基,才成为了管理理论和管理实践中公认的一代宗师。

> ***彼得·德鲁克**
>
> 彼得·德鲁克(Peter F. Drucker,1909—2005),美籍奥地利管理学家,现代管理学的奠基人,迄今为止研究管理学时间最长和著作最多的学者,对管理实践产生了深远的影响,本书将在后文专门对德鲁克进行论述。

由此,因为经济学的斯密和管理学的泰勒,点燃了管理的效率革命,而因为经济学的熊彼特和管理学的德鲁克,又在这场效率革命当中增加了一把极为重要的柴火,那就是创新精神。

"创新"听起来是一个很抽象的词语,其实,不论是企业家还是创新精神,都必须和"组织"这个词关联起来,最终都要保证优秀企业的出现。我们需要弄清楚的是,如果没有优秀企业或者成功企业,是没有突破口来研究企业家和创新的,因为没有成果检验。反过来说,如果我们今天谈了越来越多的创新,可是最后却没有成果检验,那就不是真正的创新。这正是为什么"创新"通常和"创业"这个词一起来用的原因。

事实上,正是熊彼特和德鲁克生长的那个时代让他们有机会去提出并验证企业家精神的存在,两个人都是生在奥地利,也都移居美国。在二十世纪上半叶,在那个诸如福特汽车、通用汽车等美国企业都在蓬勃生长的地方,正在四处散发着崭新的气息。所以,"创新"这个词并不是随便提出来的,包括"企业家精神"这样的词语也是如此,之所以诞生新的概念,是因为提出者真正用心去感受了社会中散发出来的新气息。因此,创新一定是可以摸得到的,也应该是能够摸得到的,不是任何玄幻或虚幻的奇思妙想。

尽管企业在今天很多人看来已经是司空见惯的物种,那个时代,尤其是现代化的大型企业,却是一种创新的事物。因为这样的新鲜土壤,因为熊彼特的敏锐发现,更因为德鲁克的执着探索,从而让世人看到了大型企业这个新物种的成长规律。

延续着斯密和泰勒的基础,这个规律就是以效率为中心的管理以及持续不断的真实创新。管理始终在坚守绩效,同时又在不断变革,这就是现代管理的根基方法论。

很有意思的现象是,谈效率和创新,这些最新的理念都是从欧洲的经济学家开始,但是,这些理念却真正在一无所有的美国落地生根,在这个土壤上率先生出了一批现代化的大企业,管理学也应运而生。这就是管理的务实和真实的创新,也恰恰说明了创新的本质。所以要明确，只有新的想法不能算是真实的创新，作为管理者，管理只拿能够带来绩效的创新成果去衡量创新的真实存在。

很多人就把创新创业等同于奇思妙想，尤其是对于很多太过着急去创新创业的年轻人来说。可是，我们一定不能只是听到创新创业的呼声，而必须要触摸到创新创业的真实存在，一定要先摸到这个存在，才能去做创新创业。如果一个人连企业如何成长和管理都不知道，又如何去创立企业呢？企业也是生命体，并且肩负着更多人的责任，我们不该拿生命去当儿戏。如果一个人的创新仍然停留在很"虚"的层面上，那就要小心了，我们必须要把虚的想法变成实在的东西，创业才有可能成为现实。

如同德鲁克一直在钻研的福特汽车公司和通用汽车公司，这两家企业之所以可以称为大型企业，福特和斯隆之所以可以被认定为企业家，只有一个检验标准，那就是把创新转化成为了让世人接受和可以触摸到的实实在在的东西。福特拿出了一款推动交通工具时代进步的汽车——T型车，通用汽车则拿出了一套可以让组织从小到大成长的行之有效的结构方法——事业部，这些都是真实存在的，由此，我们才确认了两家公司的创新创业。还有很多诸如此类，能让消费者可以真实地触碰到的企业，甚至成为衣食住行不可或缺的一部分，你的创新可以做到这一点吗？

创新必须经过管理

创新不是异想天开，创新也必须要经过管理，必须对准顾客，并且转变成为可以走到顾客身边的真实存在。

创新不是停留在自我的世界中，即便再热爱创新，都不能由着自己的性子去创新。对于研发来说更是如此，最好的研发永远是在绩效管理的导向下进行，永远不能偏离顾客这个靶心。如果以这个标准来看，很多所谓的"创新"可能本质并不是创新，有些创新五花八门，让人眼花缭乱，可是华而不实，这就不是创新。

◎ 创新必须有用，并且要用起来

我们的身边随时涌现着新的概念和思想，也许是华而不实，也许是真的有用。但是，如果我们自己就是不去用，不去学习和吸收，只是停留在对概念的赞叹或者批判上，对于这个创新来说，哪怕再有用都和自己无关。一些时候，对创新成果的运用要比发明出来还要有效。IBM 不是最早发明计算机技术的企业，却是最早把计算机技术大规模商用的企业，所以计算机技术这门知识的财富并不在于拥有知识本身，而在于其应用。然而计算机技术的发明者 Univac 公司远远小看了这个技术的价值，或者说没有挖掘和释放出这个技术的价值和潜力，但是机会却被 IBM 抓住了，所以真正的创新在谁那里呢？管理学所讲的创新更多是 IBM 的做法，是寻找和创造商业机会，不是说技术本身的创新不重要，但更重要的是让技术变得更具实用价值。这可能正是一些人知识不如我们多，财富却比我们多的原因。因此，企业家未必是发明者，但必须是创新者。仍然可以类比欧洲的经济学和美国的管理实践，其实新想法很多是始于欧洲的文明，美国却是真正把这些想法转变成为最大财富的价值实现者。

创新一定要有用，并且要用起来，这必须是企业要不断提醒自己的。企业不能做无用功，无用功损耗的就是企业绩效。

◎ 在意创新的成本

不妨想想，我们有多少东西买了不用，我们有多少新衣服买了不穿，我们有多少书买了不读？花钱买来就应该认真对待，否则就没必要买了。如果花了钱，还不是真正属于自己，花的钱就浪费了。这种习惯如果不加管理，或者说不经过自我管理，就会在不经意间渗透到企业里。实际上，企业创新真正的成本是对人的投入，没有意识到这一点的话，很可能会在成本上造成巨大浪费，人的投入就不会产出价值，自然不会获得创新。加拿大的太阳马戏团之所以超过世界马戏团的百年霸主美国玲玲马戏团，原因就在于太阳马戏团的创新，这种创新表面来看是剔除了观众已经厌倦的动物表演，增强了表演的故事性，但是本质上，故事的创新背后是由人来想象出来的，也是由人演出来的。同样是雇佣人，玲玲马戏团始终把人当作动物的附属品，最多是驯兽师，太阳马戏团却把人当成了创造力的主体，去挖掘人的想象力，让表演者展现自己。人作为一个更具智慧的高级动物，怎能"沦"为动物的配角呢？很大程度上来说，传统的马戏团浪费了人的价值，没有真正挖掘出人的价值，所以，人更多变成了没有太高价值的成本。相反，太阳马戏团真正注意到了创新的成本，没有浪费这个成本，并且充分释放这个成本的价值。这个时候人才真正感受到尊重，不论是感受来自企业的尊重还是来自观众的尊重，又进一步驱动了人的工作热情和价值释放。如果

02 成就感：国民财富的真正起源

我们这样想就更清楚了：同样是一个人，在这两个马戏团工作也许会产生截然不同的价值，也许在一个马戏团中他的天赋和价值会被埋没，而在另一个马戏团中则会得到充分地释放。把马戏团换成"组织"，道理也是一样。我们到底在无意中浪费了多少成本呢？企业当中很多浪费就是这样形成的，我们的很多价值没有被真实地挖掘和创造出来也是因为如此。经营企业一定是要创造价值的，这就是管理存在的必要性。

创新这个实体是需要注意成本的。管理的好处是，一方面，让创新有所聚焦，不偏离企业目标，避免了无效创新的浪费；另一方面，因为管理，砍掉的浪费和节约的成本就可以用在创新上。

◎ 让研发与营销协同

有人说，我已经把创新转换为产品了，这样是不是就是真实的创新了呢？答案是未必。因为即便转换为产品仍然不等于转换为绩效。再直接一点讲，产品本身依然不会自动流转到顾客那里，哪怕产品已经非常好了。也许供不应求的商品有这种可能，但也要有渠道和人把产品送过去。苹果公司的产品再创新，也离不开一流的零售店面和服务水准，这种销售活动不是附属于产品，其本身就是创新的一部分，并且必不可少。

因此，创新是一项系统工作，而不仅仅是一种精神。而企业家要做的真正创新，其实是创造顾客。这也如同德鲁克发现的企业真谛：企业只有一个目的，就是创造顾客，为此，企业需要两个管理职能，创新和营销。现在，我们应该可以理解德鲁克想要表达的意思了。

　　追本溯源，研发和营销本身就应该是一对亲兄弟，是为了企业的存活和成功必须要共同生长出来的东西。"本自同根生，相煎何太急"，二者彼此应该相依为命，任何一方受到伤害意味着双方都会受到伤害，任何一方与对方作对，其实都是在和自己作对，不论有意还是无意，结果都是自我损耗。在研发与营销的协调上，华为是典范。华为虽然是一家以研发为核心能力的技术公司，对研发也给予极高的投入，但是对于研发本身却持有谨慎态度。很多企业可能以为研发应该大幅领先于市场，而华为在为研发配置高投入时又在控制研发的节奏，不能太快，如果研发水平过高就会出现一个结果——营销做起来非常吃力。因为当产品水平太高，远远超出了顾客的接受水平，营销需要耗费巨大的成本来教育顾客去认知和接纳自己的产品，这是非常消耗成本的，同时还很难成功，这就是典型的"吃力不讨好"。很多企业就是这样失败的，非常可惜。从进化论的角度来看也是如此，能活下来的未必是最大和最聪明的物种，反而是最能适应环境的物种。所以，这时候营销要帮助研发来降速，营销凭借敏锐的嗅觉帮助研发对顾客的认知把控得恰到好处，不快不慢，这时候研发出的产品是最容易销售的。

　　有些时候不是企业开发不出来更高水平的产品，是在有意把控节奏，这也是今天很多产品是一代一代逐渐升级的原因，如果一次性做过多代超前于市场需求的升级，企业就有可能成为"先烈"。这也是真正的领先企业更多是在讲"领先半步"的原因，对于企业来讲，盲目冒进、领先太多是会有生命危险的，会付出惨重的代价，甚至付出生命的代价。当然，有些企业研发太弱，则需要进一步跟上市场节奏，否则，营销同样会非常吃力，依然要花费巨大的成本去教育顾客来接纳产品的不足。

因此，研发与营销是否协调可以用一个很简单的感受作为检验标准：当市场需要研发降速的时候，研发是否愿意降速？还是心不甘情不愿，总觉得自己作为核心职能部门，一切都应该听自己的？同样，当市场需要研发提速的时候，研发是否愿意提速？研发要真正改变和提升自己去迎合市场也是非常具有挑战性的，很多研发也未必能做到这一点。如果不能做到步调一致，研发和营销就是彼此对抗和消耗的关系，这种内耗对企业是巨大的伤害，反之，才是彼此合作和协调的关系，这种协同对企业来说是巨大的财富。

由此，我们也会知道真实有效的企业形象，大家彼此敬重，彼此理解，彼此合作，不浪费能量，共同向着创造顾客的创新目标发力，这样一来，才有了真实的创新创业。这就是我们对于创新的管理，不偏不倚，不遗余力，从而让有效的创新发生。

有用性、有效成本以及与营销的结合，如果用这三个管理原则来检验一下我们的创新的话，我们还可以说自己拥有创新吗？所以，从现在开始，就要留意管理创新，创新也会因为管理而拥有绩效。

◎ 要会管理专利

在一个创新产品的背后，专利是其中一个不可或缺的焦点，尤其是对于科技企业来说。有的企业拥有许多的专利，可是真正用到的并不多。

对于专利的评价，最后还是要用市场标准。只有这样，才能在企业树立起有效创新的氛围，如果单纯以专利申请成功就认定有效，就会养成专利堆积的氛围和现状。一些企业不知道自己为什么会有如此多专利，有时也会诧异自己为什么技术如此之高但是绩效不够，原因就在这里。专利并不是真实的顾客评出来的，更多是在专家眼中技术水平的认定，和市场还是两回事。

借助市场的检验标准，反过来检查一下自己的专利，如果有很多专利都没有转化成为绩效，那么很可能是企业从整体上对于专利的把控出现了问题。这个时候，企业很可能是做出了错误的引导，最后让太多的专利束之高阁，又或者让太多的专利在市场上失败。这时候就必须要让专利真正回到顾客的一端，要去检查研发有没有和市场走在一起。重新回到管理创新的角度，来盘活公司的专利以及专利申请氛围。

所以，企业必须要会管理专利，否则，一定是巨大的浪费。当一大堆专利证书搁在展示柜里或裱在墙上不用时，所有的开发专利的成本和奖励成本就都浪费了。可是责任依然不在技术人员身上，必定是企业管理者在引导上出现了问题，比如在确认专利上流于形式。最后，受打击的不仅仅是企业绩效，连技术人员的研发热情也会受到打击。因此，企业在专利上必须花心思去管理，要求管理者必须花心思，依然是那个最简单的道理，没有管理，企业也不会获得有效的专利。

专利作为创新的一种呈现形式，必须最终转变成为好的产品并且始终和出色的营销组合在一起，这一点，自始至终都不能变。

剔除创新的水分

如果研发投入可以代表我们对于研发或者创新的重视的话，也许我们给予的重视远远没有我们自以为给予的那么高。从这个角度，也许很多时候我们都没有读懂华为研发投入的本质。华为从二十世纪九十年代就开始做集成产品开发，让研发和市场人员一起创新，后来演变成矩阵的组织结构。这才是华为研发的强大之处。这意味着二十年下来，这样的工作方式已经成为组织的习惯，每一个成员都是如此。

对于众所周知的每年销售额10%以上的研发投入，这个投入比例可能今天一些企业也能够做到，尤其是在体量还不是特别大的时候。但是，关键在于，如果在管理创新上做得不好的话，一个企业即便拿出了10%的研发投入，也许真实的有效投入都不会达到5%，甚至远远低于这个数字。假定拿出50%的容错率，也就是允许一半的创新是失败的，那华为就是5%的有效研发投入，可是对于大多数企业来说，如果在管理研发上存在大量浪费，比如，专利和技术都远离市场，那么真实的有效投入很可能是远远小于5%的。

这就是为什么很多企业研发投入看似很高但是产出不高的真正原因，因为很多投入都浪费了，只是虚高而已。可惜的是，依然有一些企业蒙在鼓里，依然在拿研发投入的数字来证明自己对研发的重视，甚至拿着这个数字来对标世界级企业觉得沾沾自喜，可事实上，自己却被这个数字本身所蒙蔽。因此，一定要在意研发投入的有效性，而不仅仅是数字本身。所以，剔除容错、剔除浪费之后的研发投入，才是真实有效的研发投入。不管我们愿不愿意承认，"虚高"的原因就在于缺乏对研发的管理，从而在整个创新过程中积压了水分。同等投入之下，谁的水分更少，谁的干货更多，谁的真实投入就越高，谁的竞争力才越强。

在管理创新上，剔除水分，得到的才是真实的创新。创新当然需要自由，需要空间，但是顾客和市场必须成为创新的边界，这就是创新的秩序。

有限理性：管理的底层逻辑

我们认识管理学的发端要把握两条线索，一条是实践的线索，或者说是从管理学的"兄长"经济学的线索去把脉，而另外一条线索是理论的线索，更准确地说，是回到管理学的鼻祖——哲学的角度去理清脉络。在最早谈及人类社会的文明时，如同本书前文论述，当然绕不过去四大文明古国。不过，本书又"刻意"没有去说另外一个特殊的部分，那就是希腊文明，它作为西方哲学的重要发源地，是任何学科都难以绕过的必经之地。现在回归这个部分，如果我们能够了解哲学的一些基本特征，大概就会知道哲学是如何一路发展并且延伸出管理学来的。

管理的独特血统：顶天立地

哲学早期是比较"高高在上"的，甚至现在都会给人这样的感觉，会让人产生是不是不够接地气的疑惑。哲学最早也的确是非常高深的学问，是最高级的知识，哲学会探讨人生，会探讨价值和意义，这些都是到今天为止管理学尤其是组织行为学上依然保持的积极传统。不过，这也导致哲学最初并没有太直面商业这个比较"俗套"的话题，甚至到今天都有些人不太愿意直面"金钱"或者"钱"这样的字眼。

可是，人必须得活着，企业必须得活着，"钱"这样的字眼对企业而言是必须要去接纳的，不管我们内心怎么想，不管一个人的内心有多么高傲。这就出现了哲学的一个悖论，或者说一对"矛盾"，哲学讲究价值，讲究真善美，所以，就在某种程度上有一些"反商业"。

最初商业在哲学领域是不太被看得起的。其实，岂止是在西方，我们的古代文化也有回避这个词的特点。想想我们的"士农工商"，看得出"商业"和"商人"是排在最后的。如果我们仔细想想，这或许正是商业会相对滞后的原因。我们从骨子里重视什么，我们的行为倾向、政策倾向和资源倾向等等一切现实重心就会侧重哪里，反之也是一样。

真正的管理其实是传承了哲学的价值血脉，但是，就像是"商"字排在古代社会结构的底层一样，这反而逼迫商人找到了生存的最真实的路径。所以，管理一定是非常接地气的。

人们都要活着，都要生存。数千年下来，哲学也在慢慢落地，才有了后面的社会学、心理学等分支。而商人这个角色的绝地反击更是敲醒了很多有学问的人，这个敲醒并不是意味着，让这些有学问的人开始跟着去赚钱，而是提醒这些有学问的人，原来商业也可以是一门学问。而学问的好处就在于，我们要想人们生活得好，得把商业管理的规律教给大家才行，这样大家才能创造财富，社会经济才能发达。

这样看来，管理的确是在顶天立地，顶的是哲学的良知，立的是人们的福祉。做管理的人，不能没有良知，不能没有理想，但是又不能空有理想，必须脚踏实地才行。这就是管理的独特血统，这样的管理者,才是一个真正有管理血性的人。

从理性到"有限理性"

到了社会学的领域,这种所谓的大学问已经比较接地气了,而管理则成为了其中一个突破口。商人的富足,尤其是美国社会近两百年因商业繁荣而呈现的巨大发展,更让人们开始关注管理。而在一百多年前,对此特别敏感的一位社会学家正是韦伯*。

> ***韦伯与"理性组织"**
>
> 马克斯·韦伯(Max Weber,1864—1920),德国社会学家,代表作为《新教伦理与资本主义精神》(*The Protestant Ethic and the Spirit of Capitalism*)。因为理性组织的观点,在管理学中韦伯也被认为是组织理论的重要奠基人。其理性组织的观点有四点内涵:一是合法性,组织应该是一个契约组织,个体和组织、组织和组织之间依靠契约来建立信任,彼此维护和尊重契约;二是权力的基础,权力来源于资源的占有和支配,如果想对别人施加影响,就要拥有别人想要的资源,这种权力可能来源于先天的世袭,也可以来自职位本身的赋予,但更根本的是来自一个人的能力和魅力;三是共同体,现代组织形成于从家庭向利益共同体的转变,现代组织不再是以血脉和情感维系的家庭式组织,而是彼此以共同福祉连接在一起的共生体,如果仅仅是血脉关系才可以信任,

可信的人就很少了，企业就不可能变大，这也是契约的作用；四是开放性，如同利益共同体的打开，企业必须成为开放的系统才能成长，但是到底选择封闭还是开放，取决于企业自己的选择，取决于自己愿不愿意开放。

韦伯做了一项调查，发现了一个很有意思的现象：很多非常有成就的人，包括工人、技术人员、管理者，尤其是成功的商人，都有一个共同的特质——非常的现实，非常的理性，这些人不是活在其他任何一个地方，而是活在当下。于是韦伯提出了所有理论的一个核心词：理性。

这个时候，可能很多人还不能理解韦伯所要表达的真实意思。回到那个时代的场景，韦伯这样说是有针对性的。太多人不成功，太多人没有成就，是因为大家不理性，是因为大家没有活在当下。这是真实的情况，韦伯直面了当时的现实，在旧的宗教体系当中，人们都去讲赎罪、都去讲来世，可就是不讲现在。针对这样的现状，韦伯一语道破真正的原因，这还不是宗教本身的问题，原因特别简单，就是活在当下很难，大家没人去直面，才去找未来或来世解脱。仔细想想，难道不是吗？

所以，韦伯才提出了他最为著名的"新教"主义，重新定义大家的共识。不要忘了，宗教有个最可怕的地方，也是最厉害的地方，就在于促成人的共识。如果对于现实，大家普遍选择逃避，就会导致非常可怕的结果；如果对于现实，大家都选择直面，就会产生非常积极的结果。如同韦伯的发现，那些取得巨大成就的商人和科学家，原来他们的与众不同在于，不是逃离现实，而是在现实当中制定工作的高标准。

韦伯亮明了他的主张，这个时候，才真正把哲学、社会学的"脸皮"拉下来，管理学才开始有机会在哲学这个大的系统当中显山露水。

围绕着这样的理性主张，韦伯开始用缜密的逻辑来构建一套组织的理论体系，由此，在理论当中才有了正式的金字塔式的理性组织理论。这正是韦伯被誉为"组织理论之父"的原因，因为他让组织管理在哲学当中的位置被正式确立下来。

更有意思的是，恰恰是在一百年前的时间节点上，就像是学习斯密和熊彼特一样，美国依然保持了迅速的学习速度和行动力，把当时德国的韦伯以及法国的法约尔这些描述组织理论的人一并纳入由美国人泰勒创立的现代管理理论体系当中。

到今天为止，提到管理学，大家一定会先说美国人泰勒，因为这是管理学在美国产生的标志。但是，泰勒之后马上就会提到韦伯和德鲁克等来自世界各地不同领域的人，因为管理学的创立不能回避这几个人。韦伯在两个领域是做出重大贡献的人，一是在社会学领域，被认为是距离我们今天最近的一位宗师级的社会学家，二是在管理学领域，是"组织理论之父"。

由此，在二十世纪上半叶，因为泰勒、韦伯、德鲁克等人的贡献，管理学就成型了，他们都是管理学的重要奠基人。而作为社会学家的韦伯更是直接点明了管理的底层逻辑，就是理性，是活在当下，是要成功，是要拥有足够的成就感。这是管理行为的指南，也是管理绩效背后最根本的驱动力。

活在当下，对于成就要不懈追求，但这不意味着贪得无厌，这是韦伯作为社会学家从一开始就强调的，意在让我们可以活得更加理性，让我们懂得生活不是无拘无束，而是要有限度，这才是真正的理性。

在二十世纪中期，紧随韦伯的这种理性认知，也出现了两个重大观点，把韦伯的理论发展得更为明确，并且，更具说服力，所以，也载入了管理学的史册。

一是赫伯特·西蒙*的"有限理性"。西蒙告诉我们：管理者做决策要如履薄冰，要考虑限制条件，不要过度追求完美，人还是要现实一点，这就是"有限理性"的概念。

*赫伯特·西蒙

赫伯特·西蒙（Herbert Simon，1916—2001），美国管理学家，代表作为《管理行为》(*Administrative Behavior*)以及与另外一位管理学家詹姆斯·马奇（James March，1920—2018）合作的《组织》(*Organizations*)，1976年，西蒙获得诺贝尔经济学奖。西蒙最重要的贡献在于，颠覆了传统的"经济人"假设，认为人不是绝对的理性，但也不是所谓的非理性或者感性，而是"有限理性"，这就是西蒙创造性地提出的"管理人"假设。真正懂管理的人不追逐绝对理性，而是有限度地追求，讲究"度"，这成为做管理决策非常重要的准则。

02 成就感：国民财富的真正起源

其实这个思想在韦伯那里就有了，甚至在实践中，在我们的东方文明中也已经有所展示。不过，正如我们确认管理学作为一门理论学问只有百余年一样，是西蒙正式提出了"有限理性"这样的一个概念，准确地说明了这种管理特征。

这就是理论的好处，把复杂的实践活动概念化之后，就能让我们看到明确的概念，从而更准确地指导人们实践，让人们"不乱"。所以，从概念的角度，有限理性应该成为管理实践的第一个底层逻辑。想想看，战略上不要太冒进，做创新要考虑成本，要分权但是又要有规矩，等等，有限理性这一底层逻辑在管理实践中的展示无所不在。

而在现实中，很多企业的成长出现问题，往往是陷入了绝对理性的误区。企业一味地追求增长，却忘记了约束条件，甚至忘记了法律作为约束条件的底线，虽然表面看起来增长很快，但实际上是用冲破法律底线换来的，这种所谓的"快"迟早要"还"，要付出本该付出的代价。还有的企业过度追逐高增长，尤其是在自己的膨胀期（比如极速增长或市值不断刷新高度时）冲破了自己有限的驾驭水平，随后导致增长放缓甚至衰败。不论是瑞幸咖啡还是乐视，这些曾以闪电般速度成长的企业都是因为没有把握好有限理性的节奏而陷入困境。所以，不论是对企业还是个人，有些时候快了就是慢了，因为很可能在快的时候落下了一些非常重要的东西；相反，以有限理性的节奏稳稳地走，看似慢，但实际是快了，并且更重要的是，可以走得更持久。而华为和新希望集团这两家持续成长超过三十年的中国企业都有一个共同的经营准则：领先半步。可以快，但一定不能太快，反过来，当我们今天看到这些企业看似很快时，其实已经在不知不觉中走了三十多年。因此，真正的战略决策必须要画约束线，要拥有限度才是蕴含管理智慧的决策。虽然已经有了三十多年的积累，新希望始终在农业的限度以内，华为也始终在信息技术的限度以内。作为对比，一些更年轻的企业反而冒进得多，比如中国电影市场的爆发式增长让华谊兄弟电影公司在不长的时间里赚得了巨大的一桶金，快速拥有百亿美金市值。之后便开始进军文化旅游，要打造像迪士尼一样的、历经百年建立起来的文化产业帝国。而事实上，这种快节奏扩张让这家公司在中国电影近年单片票房可以达到几十亿的时候却没能有所作为。一方面是快速扩张的大幅支出，另一方面是没有得到更高的现金流入，导致这家曾经辉煌一时的年轻公司在今天也遇到了巨大的财务困境。这或许也不是坏事，如果积极地看，就会帮助企业认识到自己的局限，这种对局限的认知和敬畏就是有限理性，而这其实已经迈出了成长的一步。当然，不是说年轻企业不可以构建商业帝国，只是还需要走更长时间的路，需要更长久的检验、历练、学习和成长。

从理论价值上，西蒙的有限理性得到了诺贝尔奖的认可。如果再简单一些说，我们所谓的理性，其实就是有限的理性，在管理实践和企业活动中，太多人都不理性了，而作为一个管理者，在做事情上如果不是有限理性的做法，可能就是在"乱"做。这一点，值得我们反思。

02 成就感:国民财富的真正起源

成就需要是可以被训练的:清扫四大障碍

和韦伯的观点一脉相承,甚至连发现观点的方法论都一样的是戴维·麦克利兰*的成就需要理论。就像是"有限理性"的概念一样,麦克利兰更直接明确地告诉了我们另外一个概念,叫做"成就需要"。

> ***戴维·麦克利兰**
>
> 戴维·麦克利兰(David McClelland,1917—1998),美国社会心理学家,代表作为《追求成就的社会》(*The Achieving Society*)。

麦克利兰去观察那些富有的生意人,毫无疑问,最会做生意的就是犹太人了。犹太民族作为财富代表之所以如此富有,是因为其背后有着强大的成就需要。

值得一提的是,这种成就需要是可以被训练出来的。人的需要并不是一成不变的,是可以被开发出来的,人人都有这种潜能。犹太人从小就接受关于一个人如何通过努力创造财富的故事教育,在这种财富故事的熏陶之下,不断激活了自己的成就欲望,从而创造出了巨大成就。相反,这也是那些不富有的民族和地区没能取得成就的重要原因,缺乏成就欲望是落后之源。

由此,成就需要理论就变成了管理学中的重要理论,具体来说,就体现在了组织行为的塑造上。麦克利兰告诉我们，一个人天生就有"需要"，但不会自动被激发出来，而是被引导出来的。一个人生长在什么样的氛围之下，就有可能被引导出什么样的需要。

这意味着，我们的需要是可以调整的，这更意味着，我们的财富是可以改变的。也因此，在现实的企业激励当中，一定要引导人往成就需要的方向去走，因为这和绩效直接相关。而之所以要提这一点是因为，不论是我们的文化，还是人的生活习惯，都有可能把成就需要覆盖起来。

对于企业而言，这意味着，我们在选人、用人和育人的时候，要倾向于多用一些出身平平的人。这也许恰恰和一些企业的眼光是相反的。这与特意差别对待或者善待没有任何关系，反而是更加公正，对所有人都是一种激励。

关键点在于，不是去看一个人的出身，而是看这个人从起点到现在的成长高度，这才是属于这个人本身的成就。对所谓的富二代也是这样，要看这个中间值，这才是呈现一个人成就需要的真实参考。并且，当这个人回到当下，面向未来的时候，要依然如此，才能拥有更大的成长空间。

身为管理者，一定要清楚，激励一定不是只给钱，这是身外之物，对于一个人的驱动力也有限。换言之，钱不是不管用，但是激励的空间很有限，要鼓励大家做出更大的成就，还得依靠人的觉醒和自我成就驱动。

如果大家知道了原来成就需要才是一个人财富的根本来源，除此之外别无选择，那么就会调整过来。

02 成就感：国民财富的真正起源

不过，在成就需要的调整过程当中也有四个挑战，这是我们必须要直面的。这些障碍得我们自己去清扫，这个工作别人替代不了，否则通往成就的去路就会被阻挡。

◎ 还没有意识到自我成就驱动是机会

第一个是，心理认知障碍。对于绝大多数"草根"或者普通人来说，自我成就驱动其实是最大的机会。但是要把握这样的机会，就要认识到机会的存在并让自己做出调整。自我成就需要的生成有一个内省或者自省的自我管理过程，需要在实践中正确认识和把握依赖与反依赖，要在没有取得成就的时候完成从外部支持不足的抱怨到自身行为不足的反思。如果一件事情完全是由外部支持做成，其实是没有你个人的成就在里面的。所以，自省是激发成就需要的根本途径。与此同时，管理者有时候需要利于"反依赖"来帮助一个人激活自己的成就需求，有时候你的上司支持了你一段时间之后就不再像以前那样支持你，实际是在做反依赖，避免你过度依赖别人，这实际是在帮助你挖掘自己的成就需要，否则，若摆脱不了依赖，你永远成长不起来。这时候如果懂得这个道理会非常重要，就不会去抵触和抱怨外部条件，而是回归自己的成就需求来驱动自己寻找机会。所以，根本上还是取决于自我管理，而不是找谁来依赖。有人不觉得这是机会，是因为自己还没有努力把它挖掘出来，机会就在那里，但是不会自动跳出来。要自己挖出来、自己拿起来，都需要我们自己认真地做出决策和分隔，这就是自我管理要做的工作，这个工作没人可以取代我们。

◎ 为自我成就设限，容易自满

第二个是，为自我成就设限，容易自满。其实，成就没有极限。对于那些不太缺钱的人或者已经小有成就的人来说，一定要对自己提更高的要求。

只要在岗，就有做不完的事情。并且，人和企业都是在不断进步，任正非说华为"没有成功，只有成长"，这反而是对华为的成就提出了更高要求。如果华为都不认为自己成功的话，我们又有多少企业敢说自己成功呢？

所以，要让自己有更高的成就要求，不要自我满足，不要有优越感，这对企业家、高层管理者，包括一些富二代都是重要的启示，否则人就会停滞不前。在生活中，一个人短暂地停滞不前也没有太大问题，但是当这个人在管理的岗位上时，就不能放低或者放弃对于成就的需要，因为自己还要对更多人负责，自己好了，让身边的人也更好算不算是自己的成就呢？当然算。所以，管理者必须要给自己找动力，不能不负责任。

尽管在成就上不设限，但也不要做盲目行为。管理者不要把责任想得太空泛、遥远，那是一种不理性的行为，比如要求自己要拯救世界。要奔向巨大的成就，应该先理性地问自己有没有把身边的人带起来，带动了多少人成长。这就是管理者的成就需要，除非准备卸任，否则责任一直都在。即使卸任之前，也要找到可以承担责任的接班人才可以。

成就无止境，对于企业来说也是如此。一个企业稍加不注意，就有可能陷入自我满足的误区，不管我们自己承不承认。看看我们自己的年会、季度会、月度会，里程碑事件如周年庆和销售庆功会，都举办得非常隆重。当然，丰功伟绩有必要给予肯定和庆祝，但如果在这个过程中，过多去表达过去的成就，而没有更多地对现在和未来提出更高要求，那么，自满的意识其实已经悄无声息地生长在我们的行动中了。

◎ 自己的欲望被成就之外的事物霸占

第三个是，我们的欲望被成就之外的事物占据。比如，我们内心对于情感的依赖，放不下，一旦在情感上得到满足，就止步不前了。

在我们的需求当中，成就、权力、情感三分天下，这三个部分谁分得多，在最后由需求驱动行为做出来的结果当中，谁的占比就多。因此，我们很难指望一个在工作当中特别渴望情感的人可以做出很大的绩效来。

这一点其实是对我们文化本身的挑战。因为自古以来到现在，我们从需要上比较讲权力和人情。这两样东西本身都不是坏事，只是，我们自己必须要去把控程度，尤其是对于情感。

一方面，不要让组织变成一个勾心斗角的地方，这对组织的内耗很大，会损伤大量的绩效。当人成长到一定的高阶管理层之后，是要具备一定的权力欲望，但不是以勾心斗角为目的，不是从权力本身获得心理上的满足，而是运用管理的方法论来帮助大家达成更好的工作绩效。所以，权力需要可以有，但是责任为先。

另一方面，也不要刻意把组织变成一个暖暖的家，尽管我们很在意感情，很在意温情。但这样有可能会引导大家真的把组织当成家，给组织提出很多情感上的需要。这可是企业是给不了的，如果企业把太多的功夫花在这上面，也会损伤绩效，因为企业不是家庭，否则企业就叫家了。

这正是为什么有些企业对员工做了不少好事，却被一些员工说不仁义的原因。问题的根源不在员工，责任在管理者。因为不仅成就的欲望是无止境的，情感的欲望也是无止境的。一旦管理者引导大家把太多的或者说把主要的注意力放在情感需求上时，自己其实是没有办法去满足这个部分的，因为企业作为一个正式的组织，任务不在这里，否则，企业就无法存在。

所以，管理者必须要做有效的管理，不要误导大家。因为中国人本来就重权力、重感情，如果我们再继续在管理中去强化权力和感情，就有可能会把整个组织带偏，会距离绩效越来越远。

在一个公司当中，当大家太在意这个首席某某官、那个首席某某官，而一个真正拥有专业水平的人却得不到充分尊重的时候，甚至连顾客都得不到充分重视的时候，那么这个公司就陷入官场文化了。如果一个企业开会过度在意当"官"的座次，并且按照官职大小而不是按照贡献来排，就会陷入官场文化；如果一个企业不够重视一线人员和年轻人，也会陷入官场文化，因为这些人虽然不当官，却真正决定企业的业绩和未来；如果一个企业的车位只留给老板和管理层，顾客来了都找不到地方停车，也会陷入官场文化。一旦陷入官场文化，不仅不能带来成就，反而是一个公司甚至一个企业王朝开始衰落的征兆。

不要把公司变成官场，公司不需要官场文化，需要的是绩效文化。在绩效文化当中，谁贡献绩效，谁就会得到重视。这一点一定要让大家清楚，然而在我们的文化情景之下，不经过管理的矫正，多数人不会自动调整过来，要么偏向情感，让大家沉浸在感情的满足当中停滞不前，要么偏向权力本身的争斗，这种你争我夺就会让本该贡献绩效的权力变味。组织绩效又要依托多数人的贡献，并且，多数人也都需要取得更大的成就来维持生存。所以，焦点必须在成就上。

因此，要控制自己的情绪，不要让自己的情绪和情感不加限制地用在所有的场所。情商这个词在组织行为当中就叫做情绪智力，一个人情商高低，或者说，一个人是否成熟，在这一点上就可以高下立判。

◎ 什么都想要，却什么都不想牺牲

第四个是，什么都想要，却什么都不舍得牺牲。追逐成就需要，总要有牺牲，总得放下些什么。因为人的精力是有限的，而一个人又存在于多维的空间当中。不过，牺牲也是理性地牺牲，最终也能够让人得到一个相对满意的答案。

在正式的工作当中，毫无疑问，一定要用成就需要来驱动自己，那就得牺牲一些情感的需要。但是不是追求绝对理性，不是让一个人变成冷血动物，要给生活多一些的情感，包括对待家人和朋友。但仍然不能乱，不能颠倒过来。如果颠倒过来，就会发现自己做了大量的牺牲，但是都没有得到好的回报。

　　由此，成就需要，外加有限理性的底层逻辑，是可以让我们更好地平衡工作和生活的。这反而更加提醒我们，要特别珍惜和家人、朋友在一起的宝贵时光，要更尊重家人，因为家人也是个人成就背后的重要支撑。这样不仅能达到比较好的平衡了，并且可以养成良性循环，这应该是比较令我们满意的答案，才是真正的"有限理性"决策，才是真正懂得管理之道的决策。

管理：让一切成为最好的安排

03 管理：让一切成为最好的安排

我们都希望自己和身边的人成为好人，可是，我们又常常忽略一个真实的现象，好人未必能成就好事，如果不能成就好事，对一个好人来说是多么可惜。一千个人会有一千种对于好人的描述，但是管理不会去做太多复杂的描述，管理作为一种实践，必须化繁为简，只需在意能不能做好事情，这是我们可以触摸到的最好的安排。

任务管理：挖出绩效

在成就感的驱动下，美国在建国之后较短时间里取得了很大的成就。到十九世纪末期，一些卓有成就的商人也开始浮现出来，比如创立通用电气公司的创新家和创业家爱迪生，爱迪生可以看作是管理创新的典型代表，他率先把发明的专利转化为商业模式。爱迪生去世之后，美国以熄灯表达敬意，这举动让人真切感受到真正的创新带给人们生活的改变。这种对创新的商业敏锐已然渗透在美国企业的血液里。除此之外，"钢铁大王"卡内基更是妇孺皆知。这些都成为熏陶美国人追求成就的财富故事。

因为钢铁行业在美国工业发展中的战略地位，钢铁作为铁路、汽车交通、城市建设的基础，行业竞争极为激烈。同时，由于国家快速发展的需要，美国整个工业领域都迫切需要借助提高效率来取得更好的发展。于是，有一位钢铁公司老板就创立了一家商学院，并且请了一位顾问从管理的角度解决他公司的效率问题。最后，解决问题的方法论于1911年公开发表，这对渴求效率提升的美国社会来说可谓是雪中送炭。

这个创立商学院的商人，就是约瑟夫·沃顿*；这位解决问题的管理顾问，就是泰勒；解决问题的方法论，就是"科学管理原理"，这就是管理学的诞生。这所商学院就是美国第一所商学院，沃顿商学院。

*约瑟·沃顿

约瑟夫·沃顿（Joseph Wharton，1826—1909），十九世纪下半叶美国钢铁产业的富豪之一，1881年资助宾夕法尼亚大学成立沃顿商学院（The Wharton School of the University of Pennsylvania）。今天在管理学界一提到沃顿，人们的第一反应往往是商学院而不是一个人名，这也从另外一个角度反映了沃顿本人的巨大贡献，相比同时期的卡内基、洛克菲勒等富豪，就财富和个人名气而言沃顿略显逊色，但是他开创了商学院和管理教育的先河，开启了管理知识的财富之路，为更多人认识、学习和运用管理打下了基石。曾经活跃于商界的美国总统特

03 管理：让一切成为最好的安排

> 朗普和他的女儿伊万卡、"股神"巴菲特都曾就读于沃顿商学院。

这家公司，就是伯利恒钢铁公司，经过科学管理之后，一跃成为美国最大的钢铁公司之一。科学管理原理诞生后，全美掀起了科学管理的效率革命，福特汽车公司和通用汽车公司相继崛起，奠定了美国工业在工业革命之后的胜局。

管理这门学问来自于实践当中，用于解决实际问题，这是管理学的立足之本，应该成为管理学者的信仰。

更有意思的是，在这套方法正式公开发表的前几年，有一所大学就已经闻讯找到了泰勒，率先请他到学校里讲学，分享他的方法论。泰勒本不想去，但是在对方三顾茅庐之下，泰勒就去了那所大学，一讲就是五年，《科学管理原理》也是在这个过程中发表出来。这所大学，就是哈佛大学，而泰勒站上讲台的地方，成为今天世界第一的商学院——哈佛商学院。

很多人都不知道科学管理还有另外一个名称：任务管理，实际上，这个名称可以更好地表达管理的工作，就是完成任务。泰勒和德鲁克两位管理学奠基人对此持有相同见解。科学管理为的是更高效地完成任务，德鲁克说管理是一种实践，确切地讲，管理是一项高效完成任务的实践。

把正式组织挖出来

在工作当中,我们一定要有任务意识。必须有意地不断去提醒自己,让自己从根本上意识到并形成习惯。把所有在任务当中的迷失归结为一点,就是我们对于组织理解存在偏颇。如果把组织理解偏了,执行任务一定会偏。作为管理者,必须要极为准确地让大家知道"组织"这个词的意思。

在泰勒和德鲁克中间,还有一个重要人物,切斯特·巴纳德*。二十世纪三四十年代,他在美国 AT&T(贝尔电话公司)做了二十年的经理人,总结出经理人的职责,就是实现正式的组织目标。

> ***切斯特·巴纳德**
>
> 切斯特·巴纳德(Chester Barnard, 1886—1961),美国管理学家,代表作为《经理人员的职能》(*The Functions of the Executive*)和《组织与管理》(*Organization and Management*)。值得一提的是,巴纳德实际上是一个学术界的"圈外人",因为他一直在企业中工作,他的著作却在组织理论的学术界被广泛引用,迄今为止,在实务界能够得到学界如此高度认可的人并不多见。正是因为对组织本质的深刻洞察,让他的理论具备了"不可替代性",只要谈组织就绕不开他,今天看起来再先进的组织理论,往往都可以从他这里

03 管理：让一切成为最好的安排

> 找到理论源头，即组织是一个目标导向的合作系统，由此，他成为了组织理论的重要奠基人。

巴纳德一针见血，点透了组织的本质。组织就是为实现目标而存在的，脱离了这个前提，组织就没有存在的必要了。且不说这个目标是谁的目标，我们首先必须明确的是，管理所说的组织是正式的，不是一个非正式的机构或者团体，组织是有正事来做的，不是人们消遣和寻找乐趣的地方。如果一个人可以在工作当中寻得快乐，当然很好，但是不能反过来，不是为了寻找乐趣才去那个企业工作。组织不是俱乐部，尽管一个组织里面可能会有俱乐部，但这些全部都是为了任务服务的。

事实上，组织是一个消耗能量的场所，而不是一个消费场所。作为组织的一员，一个人应该把自己的能量消耗在任务上，以此来创造回报，再回到生活当中去消费和消遣。

如果我们可以理解正式组织这个词，就会知道在组织当中提目标的意义了，这个目标其实是两个目标合二为一，一个是在组织里的工作目标，另外一个是个人的生存目标，这两个目标不冲突，并且一定要合在一起才可以。一个人的生存目标，包括成长目标在内，都是通过在一个正式组织中的工作目标达成来实现的。脱离了正式组织的平台，一个人就会无事可做，无事可做就没有饭吃，就不能生活，就不能成长，这就是现实。反过来，我们也会知道组织存在的积极意义，组织因目标而存在，人因组织而得以生存和成长。所以，个人和组织从来都不是冲突关系，个人目标和组织目标也不是冲突关系，二者本质上是一种合作关系。

从认知上来说，个人和组织的冲突不会自动扭转过来，因为人具有社会属性。一个人会去公司上班，下了班又回到家里，生活中还会去参加不同的活动，参加不同的聚会……这种活动会越来越多，一个人涉足的组织也会越来越多，这一切都在无形中混淆我们和正式组织的关联。

正式组织已经在不知不觉中被淹没，所以我们得把真实的正式组织打捞出来。

通过任务来触摸正式组织

作为个体，一定要能判别正式组织的存在，因为它是为我们付费和支撑我们消费的。个体的主要能量消耗也应该消耗在正式组织中。不妨审视一下自己：我们是不是已经过度消耗自己的能量了？在很多非正式组织的部分，一定有一部分能量是可以节约的。

成年和成人礼这类概念的界限非常清晰和深刻，会让人明确知道自己正式长大成人了，形成认知上的区隔。同样，我们得认识到企业就是一个正式组织，这也是我们不太应该把企业当成一个家的原因，因为家是一个非正式的组织。如果组织和个人都按照家庭的方式彼此建立心理契约，双方就都会离任务这个中心越来越远，因为任务不是家庭的主要诉求。

当然，企业当中可以有家的元素，比如有福利、有团聚，但是，这一切都是为了任务服务的。作为一名员工也应该清楚地意识到，

03 管理：让一切成为最好的安排

这些都是企业耗费成本来做的，或多或少、或高或低、或大或小，都不容易，都是由完成正式任务的一滴滴汗水转换来的。所以，不论如何都要珍惜，才能更加正向地回馈于任务。

因此，我们一定要意识到正式组织的存在。只有这个时候，我们才能真正唤醒自己的良知，提升自己的责任感。对企业来说也是如此。

真正感知和触碰到一个真实的正式组织需要通过任务。个人通过任务来触摸组织有一个非常直接的方法，它可以视作是否触摸到组织的检验标准，就是看你有没有感觉到压力，或者说，你敢不敢于承担压力，甚至是否主动去承担压力。因为不承担压力或者感受不到压力的状态其实意味着任务不够，这样讲虽然好像残酷了一些，但如果不是这样，你和组织之间的关系实际上是一种弱连接关系，甚至可以说并没有真正触碰到组织。

从层次上看，一个人越贴近一个组织的核心管理层或者担任更高级的技术岗位，可能会越不好受，但这是一个人进阶所必须承受的。不论是高管还是高级专家，一定不是只有头衔带来的风光，只要是一个正式的岗位，不论高低，都不是一个权力岗位，本质都是责任优先的，一个人越成长，所承担的责任就会越重，管理层更是肩负重任。而当任务总是没有完成好时，也许下一个重要任务就不会再交给你，你就会离组织越来越远了。在一定程度上，做好当下的任务就是赢得下一个任务的途径，人在组织当中可以也应该步步为营。

目标对于个人和组织来说，就是建立彼此正式关系的桥梁。因为目标管理或者任务管理，个人和组织才真正走在一起。然而，完成任务是需要消耗能量的。如果企业家和经理人懂得这个道理，就会小心翼翼地处理大家的能量，就要想办法帮助大家，让消耗的能量产生更大的价值，于是就有了效率这个词，这正是管理解决的核心问题。

在讨论这个问题之前，我们有必要知道一个不是很讨喜，甚至有些可怕的字眼——"闲"。这是导致很多问题出现的直接原因。而这个"闲着没事干"的"事"在组织当中，指的就是正式的工作任务。如果一个人的工作任务量不足而自己又有闲置的能量，那么就会找地方消耗或者发泄能量，这些能量就会用在工作之外，非但对组织的正式工作没有贡献，还有可能产生破坏作用。所以，清闲不是一个很好的状态，至少在人体力充沛的时候不该如此。

如果一个人有能量闲置，而又没有正事可干，可能会游手好闲，甚至引发一些不良的社会问题，这正是为什么我们要主张正能量的原因。企业要做正大光明的事情，企业要给人提供正事来做，给人安排相应的工作任务，这就能够保证企业不乱，也能够保证社会不乱。不仅仅在企业当中是这样，在家中也是如此，不要轻易闲置能量，哪怕在闲的时候扫扫地，也会增添一份温馨。

家庭讲温情，企业讲任务，温情要的是温度，而任务要的是热量。企业的确是相对严苛和理性的地方，企业为了生存总要去挑战很高的任务标准，所以完成任务要有足够的热量，需要消耗大量体能。而家庭则是更加包容和感性的港湾，也许只需要我们真心实意付出温情，很容易就能感受到家庭的温度，何乐而不为呢？在工作中，追求卓越需要一定的激情，否则热量就不够，而在生活当中，平平淡淡才是真。一个人的能量有限，所以必须做好分配和平衡，但不论如何，都必须散播正能量。

归根结底，个人和企业经营者都要意识到这些逻辑。法律从来没有规定哪个企业一定要永远活着，更不会允许个人胡作非为。企业和个人一旦为非作歹，都要接受法律的制裁；相反，企业和个人只要行得正，只要愿意付出，就会获得尊重。

因此，任务是要消耗能量的，一个体力充沛的人也理应去消耗能量，去产生积极正向的作为。这是一个成人工作和生活的基本认知。在这个前提之下，不论是管理者还是个人，都要借助管理来提升工作效率，更好地完成任务，从而让企业和人都能更好地生存。

聚焦任务，平定"例外"

现实中，管理者会遇到各种各样的事情，有可能会让自己眼花缭乱，在管理学上泰勒和德鲁克都提到了"例外"这个词。但是，这个词在今天却被很多人误解，以为企业应该需要"例外"。泰勒和德鲁克所讲的"例外"是指管理者可以将一些例行的事情交给别人去做，这些事不用管理者亲力亲为，相对于常规事项，还会有很多例外事项出现，管理者只需要做最重要的事情和必须由自己来做的事情。管理者需要判断哪些是例行的事情，一定有很多例行的事情不需要自己去做，因为这会占据自己的大量精力。管理者应该尽可能在自己的工作计划当中剪掉这些例行的事情。对企业而言，有些常规的事情甚至可以外包，让企业自身更多专注于独特价值的贡献。

作为一个正式组织而言，是不应该在太多例行的事情上投入太大精力的，要时刻要保持清醒，要明确自己是有"正事"在身的，必须尽可能减少工作流程中的"例外"。否则，组织的正式性就会被打破，组织就会偏离执行任务的核心，被各种"例外"所干扰。因为"例外"的存在，一个管理者的时间和精力可能就会在不知不觉中被耗散。

因此，管理者要做的始终是聚焦任务，心无旁骛，不该自己去做的事情就不要去做，确保"例外"尽可能地少发生，甚至避免出现"例外"。在任务的完成上，不要用太多"例外"做理由。如果一个企业养成了"例外"的习惯，大家就总会为迟到找理由，总会为销售目标完不成找理由，总会为产品质量问题找各种各样的理由，甚至推脱责任，事实上，自己的责任就应该由自己承担，不能推卸到别人身上。作为老板或者经理人，更不能带头创造"例外"。

如果规定人人都穿工装，那么，老板就没有不穿工装的特权；如果规定迟到罚站，老板迟到也没有理由不被罚站。企业的用人标准和薪资体系一经确定，就不能有例外，否则，这就不是一个正式的组织。企业的奖金机制一旦确立，对于完成绩效的人就要给予奖励，不存在超额完成再回过头来修改制度的情况，也不存在完不成绩效再回过头来改制度的情况，以后可以调整，但是这次必须要执行，没有例外，否则，企业的正式性就会破坏，企业和个人的信任契约就会破坏。

"例外"的存在，降低了人们创造绩效的想象力；"例外"这个词所侵占的是任务的效率。拿掉"例外"，腾出的空间就是效率。

这正是卓有成效的价值创造的来源。要知道，不可抗力的因素是例外，然而，但凡人的主动性可以掌控的部分，都不是例外。缺乏对例外的管理，人的主动性和创造性就都会下降。

所以，"例外"三番五次地发生就会成为习惯；三番五次地平定，"例外"的习惯就不会养成。

重新定义效率：深度挖掘人的绩效

泰勒是现代管理史上的先锋人物，他从管理的角度对解决效率问题做出贡献，确立了管理的重大价值，才有了管理这一学科。不过，很多人没有读懂泰勒科学管理，以为这套理论只是特定存在于某个历史时期的产物。在一百年多前的美国，全社会普遍生产效率低下，有一个叫泰勒的人站出来解决了这个问题，对当时的社会产生了极大的影响，带动了很多企业去提升生产效率。

◎ 挖方法：提升效率的重大举措

很多人知道上述这些理论，但仅仅停留在表面。更让人担心的是，还有很多人认为，今天早已和一百年前那个时代大不相同，于是就很随意地下结论，说这样的理论已经该淘汰了，不合时宜了。

事实上，这是非常不负责任的说法，试问：即便是在生产和工作方法上，哪个企业敢说今天不存在效率问题？再继续问：我们作为一个人口大国，要真正奠定在世界上具有竞争力的地位需要依靠什么？当我们的人口数量配上高效率时，才是真正最具竞争力的国家。

我们不能仅仅满足于在世界五百强中有多少中国企业，也不能为经济总量沾沾自喜，因为这些都不是效率的表现。实事求是地讲，在效率上，我们还有很长的路要走，效率革命也是我们迫切需要的道路。

这意味着，未来的发展更需要关于效率提升的方法论，这恰恰是管理的本源，泰勒的科学管理就是最好的方法论。我们应该把管理的"底牌"挖出来，而不是追逐流行工具的假象。

"时间就是金钱，效率就是生命"，这就是深圳的开始。效率是这座城市的基因，"深圳速度"、一座座摩天大楼、一个个世界级企业就是在这样的根基上拔地而起。想要生生不息，效率是永恒的话题。效率不仅仅是管理百年史开始的地方，也是我们改革开放开始的地方。改革开放的四十多年放在我们更长的效率进步旅途中只是一个新的开始，而在这个漫漫长路上，我们应该随身携带效率提升的方法论去开创未来。

泰勒科学管理的方法论核心就在于，找出提升效率的方法论。这句话看似拗口，但是没有任何毛病。管理者若没有去挖掘提升效率的方法，这是有问题的。

很多人也许不认同这一点，甚至非常自信地说，大家肯定会去找方法。但是，谁去找呢？

这就是最大的"管理漏洞"。当下，技术人员流行用"技术BUG"这个词来反思技术工作中的漏洞。借用这样的流行语，管理者最该反思的是，管理工作上是否有"管理BUG"，有没有重大的

03 管理：让一切成为最好的安排

漏洞？答案是，一定有。这个重大漏洞就在于，没人去挖掘提升效率的方法。

在今天个体极具价值和极富智慧的时代，如果一个管理者说，任务已经布置下去了，大家努力去找方法就好了。会有人去找吗？也许会，也许不会。管理者绝不能在这上面下赌注，因为管理者必须要保证绩效。所以，要么管理者自己去找方法，要么管理者安排一个人去找方法。不要以为找方法是个很简单的事情，要真正找出好的方法，是要花很大精力的。

因此，管理者必须要有意识地安排这一项专门的工作，而不是仅下达一个简单的指令。自己去做要花大量投入，找一个人负责去做也要配上资源和激励。没人负责，就没有人会用足够的力度和条件去挖掘方法，好的方法就挖不出来。

这就是管理者该干的事情，也是泰勒给予我们的最大智慧，这超越了方法本身。在泰勒之前，所有的工人都是凭借自己的感觉来做事，自己做成什么样就是什么样，可是泰勒一针见血地指出，这是管理者不负责任的表现，管理者必须负起责任。泰勒本人亲自去挖出一套可以提升效率的科学方法，这才有了科学管理。"科学"说的是管理者挖掘出的好的方法论，而"管理"则是在说管理者要真正去做这项工作。

从这个角度出发，老板、经理人，以及我们每个人，都不妨自问：我们浪费了多少潜能？这种浪费正是因为我们自己没有去挖掘方法，总是等着别人去挖，或者等着方法自己长出来，这些不劳而获的事情怎么可能发生呢？

这就是效率浪费。

在任务面前，要警惕"大家"这个词。这个词有可能潜藏着不负责任，想想三个和尚没水喝的道理就会明了。总要有一个人站出来负责，哪怕是一句"您好"或者"谢谢"；哪怕是送上一束鲜花；哪怕是去开一扇门；哪怕是去按一下电梯……你以为我会去，我以为你会去，大家都不是坏人，也都没有恶意，可是最后就成了囧事一桩。

很多人一起进电梯的时候，电梯常常会停在那里不动，大家后来才反应过来，原来是电梯按钮还没有按。越是熟人，越容易出现这样的情况，因为陌生人会为自己考虑，会自己负责，而熟人的思维习惯是"大家"。这就是"管理的BUG"。没人去挖掘提升效率的工作方法，无疑是管理的重大漏洞。

因此，必须要挖出提升效率的工作方法来。在泰勒挺身而出之前，大家谁都不去找这个方法，于是他作为管理者就自己去做这项工作了。泰勒下了很大的功夫去找方法，做了大量的动作研究和时间研究，聚焦在保证生产效率的每一个动作细节和时间安排上。他跟踪研究了大量的工作情况，反反复复测试。以搬运工为例，算出每一个动作该怎么做，每一次搬运多少，一天下来怎样操作用的体力是最少的，同时，搬运的东西是最多的。这就节约了人们的大量体能浪费，帮助人们提升了工作效率。

由此我们就能够看得出来，要想得到一个精准的科学方法，必须得去认真挖掘，这是一项专门的工作，以前的工人根本没有精力来做，也没人去做，所有的人效率都很低下，也只能得到很少的报酬。这不仅仅是体能的浪费，更是人类智慧的埋没，而撬动这个智慧的人，就是管理者，更确切地说，就是挖掘方法的负责人。

要做管理，要产生任务的效率，必须要找出方法，让任务有"法"可依。

当我们作为消费者去感受一个极好的产品或者一项优质的服务时，比如我们走进一家酒店，服务人员优雅的动作、细心的安排，对于这些互动，我们感受到的是美好；站在企业经营者的角度，我们一定要清楚，这一切背后必定有一套方法，并且是有人专注于这套方法的提炼。哪怕是这一切只要一线员工充满热情、真心付出就可以做到，企业也需要先找到激励员工付出热情和真心的方法。

同样，当我们看到一家酒店承诺一道菜在几分钟之内上桌时，背后一定有一套高效的科学方法，包括厨房的动线设计、厨师的做菜动作、洗菜和洗餐具人员的动作，还有餐厅动线和服务人员的动线，甚至整个食品物流系统中半成品的选定和供应效率，这些全部都经过科学的设计。换言之，如果顾客对你的酒店不满，一定是因为管理者没有去开发这套方法。

◎ 挖人：先让身边的人成为一流的人

把方法挖掘出来之后，事情还没有完，按照我们的思路，从管理理论向管理实践延伸，下一步就是要有人去实践这些方法。

这时一些企业又会暴露出一个重要的问题，那就是以为自己的人做不成。不妨想想我们自己有没有这样的习惯：总是想着从外面挖人，新的目标一下来，第一反应就是人手不够，马上要求配资源。

解决问题当然需要配以资源，但是，得注意效率这个词。试想：10个人做1000万元，20个人做2000万元，那么效率增长在哪里呢？或者总是想着从这10个人之外去找人，甚至去找公司外面的人。这并不是真正的管理思维，反而是一种影响管理效率的横向扩张思维，很多企业都陷入了这样的习惯。

泰勒告诉我们，我们身边的每个人都可以成为一流的人，只要我们把这些人摆在适合的地方，指导这些人采用科学的方法工作，当然，也给予其完成任务后的绩效奖励，只要做到这些，人人都能成为"一流员工"。那么，我们还非得从外面找人吗？

这里不是排外，更不是说反对引入外部合作，只是强调"挖人"应该先把身边的人的价值真正挖掘出来。如果身边的人都没有深度挖掘，就急着去找外面的人，我们就会养成一个非常不好的外部依赖习惯，等外人进来之后，外人就成了内部人，这个时候又开始想把希望寄托在外部。大而不强的企业也由此诞生，大而不强意味着没有效率，原因就是没有管理。

在"挖人"上，泰勒也找出了科学的方法。对于一项体力活，就在身边的人里面找出一个身强力壮的人，再把方法教给这个人，同时承诺按照这个方法做会得到两倍报酬，这样人和企业的效率就都激发出来了。这就是泰勒引爆的效率革命，即使到今天，如果我们很认真地去思考，这依然是重中之重。

伴随着泰勒的科学管理，亨利·福特[*]作为一个管理者也找到了提高生产效率的科学方法，通过标准化的生产和流水线作业，福特汽车公司的效率得到了大幅提升。在二十世纪初叶的美国汽车市

03 管理：让一切成为最好的安排

场上，福特汽车公司一家独大，并且让汽车走进了美国的千家万户。但从二十世纪二十年代开始，通用汽车公司逐渐追赶上来，而到了三四十年代，通用汽车公司成为第一，福特汽车公司已经摇摇欲坠了。

> ***亨利·福特**
>
> 亨利·福特（Henry Ford，1863—1947），美国福特汽车公司创始人。在创立企业的阶段，他作为创始人做了正确的事情，立志要用更低的价格生产出更好的汽车，在战略上保持专注，生产单一车型，同时在管理过程中寻找高效的生产方法，并且与员工分享财富。这些做法让他赢得了大量财富，但是到了迈向大企业的阶段，他做得不够好，过于自信而不信任别人，过度集权导致没有培养起管理层，因而让整个组织的成长遇到困境，所以在他的事业生涯晚期企业衰落下来。有意思的是，他的孙子接班时很年轻，也没有他那么强势，反而重新建立起了组织。

对于亨利·福特，应当客观、动态地加以看待。亨利·福特只是找到了生产的最佳方法，却不懂组织管理的方法论，违背了管理大企业的规律，这让公司作为一个组织整体失去了效率。他在管理上最大的问题在于没有让身边的人成长起来，这是制约组织效率释放的关键点。想想看，"光杆司令"怎么能让一个企业走远呢？

在二十世纪初，已经年近七十岁的他才把企业交给独生子埃德塞尔，而他依然垂帘听政，儿子有名无实，近乎成为摆设。他不仅仅是这样对待儿子，对待身边的管理者亦如此，不肯授权，最后管理者们纷纷离开。而在同时期，通用汽车公司的斯隆上任总裁，采取分权模式，并且运用了美国的国家治理结构，就有了分权事业部的结构，用这个模式激活了各个部门的事业心。一边是管理层的崩塌，一边是管理层的激发，这就是两个企业不同命运的原因。

对于福特汽车公司而言，更不幸的是，在二十世纪四十年代，亨利·福特还不到五十岁的独生子去世，不到三十岁的孙子就硬生生地被推向了前台。幸运的是，有管理知识这个帮手在。德鲁克把通用汽车事业部制的组织管理方法论总结出来，于1946年发表在《公司的概念》当中，这正是德鲁克的第一本管理学著作。

1947年，亨利·福特去世之后，刚刚三十而立的孙子福特二世就去学习这套大企业的组织管理方法，从而带领福特汽车公司重生。德鲁克常说自己创造了管理这门学科，正是因为从这个时候开始，他总结的企业成长方法论有人来学习，并且获得了真实的成效。

回归效率的主题，一个企业的真实效率应该来自于管理者身边人的成长，要先让身边的人成长起来，一个企业才能有真正的效率。而从组织整体的角度来说，管理层团队至关重要，要不断从基层培养管理人才，因此要懂得适当分权，而不是绝对的个人集权主义。

需要提醒的是，一个人越聪明，就越有可能容易陷入过度集权的陷阱。组织不是一个人的事，要成就身边的人，要把身边的人才挖出来，这才是一个大企业家的胸怀和管理成效。不论如何，切勿浪费组织作为一个整体的效率。

03 管理：让一切成为最好的安排

◎ 吃水不忘挖井人

一个行业领导者总结的方法论会带动整个行业的发展，反过来我们也可以确认这样的企业是一家行业领袖，在为行业乃至所有企业的发展沉淀方法论。这样，整个国家的经济才能更加繁荣。而作为一个领导者，越被别人学习，就越会驱动自己探索创新。

德鲁克说自己创造了管理这门学科正是因为他找出了大企业成长的方法论，而很多企业都去学习并受益于这样的方法论，才让管理发扬光大，让更多的人愿意学管理。德鲁克一辈子一直都在找管理方法，不断有新成果问世，他也因此成为了管理学的真正先驱。

同样，如同美国企业对自己的管理方法的挖掘，二十世纪中后期日本企业崛起之后，美国企业又去研究日本企业成长的方法论，找出来之后再完善自己，从而又让美国企业再度崛起。在二十世纪九十年代美国企业重新崛起之后，年轻人柯林斯又研究了美国所有最成功企业的方法论，于是就有了《基业长青》，并且得到了老前辈德鲁克的鼎力支持，整个美国商界和各大媒体开始把这套方法论奉为美国商业的"圣经"，以此来指引更多企业成长，二十世纪九十年代后马云和柳传志等中国企业家同样对这本书大加推崇。

这就是方法论的意义。但还是那句话，得有人做才行。并且，我们得肯定和鼓励别人这样做才行。吃水不忘挖井人，对于"吃水人"来说，不能忘了为挖井做出牺牲的"挖井人"，不能让雷锋吃亏，要给予奖励和资源配置。打井不容易，不下足力气，不打到一定的深度，就得不到健康的水源，所以，这项工作非常辛苦，要给予奖励和肯定。也要提供挖井的工具，不论是有形的工具还是无形的肯定、信念和知识，或者是配备帮手。

更重要的是，别忘了找人去挖井，找人去挖掘方法。大家都在旁边站着，没人去做，水不会自动喷出来。这不是在开玩笑，也许我们现在就是站在某个地方等水喝。

任何方法论的诞生都不容易。十九世纪末期，当泰勒想要开发科学管理的方法论时，工人们却对此感到不解和不安，甚至决定要伤害泰勒，泰勒豁出命来硬是把这套方法找了出来，才有了科学管理。二十世纪四十年代，因为大家都不熟悉企业管理这个领域，所以很多同事都不建议德鲁克从成熟的社会学领域跨入管理领域，但是德鲁克力排众议，孤身一人去研究成功企业，他在找企业的时候也吃了不少闭门羹，但最后通用汽车公司向德鲁克敞开了怀抱，德鲁克扎根其中，于是才有了关于企业成长的管理方法论。

如果说泰勒科学管理留下了一丝遗憾的话，那就是在一定程度上影响了后期管理学科的分岔。然而这也不是泰勒本人的问题，而是随着时间的流逝，他的方法论在某种程度上开始出现了一些变形。到了二十世纪中期以后，美国的管理学界看到的更多是科学这两个字，所以在这个阶段密集开发了一些数量方法，当时的管理学界和企业界都被这种氛围的笼罩着。

而在此期间，日本企业悄悄地崛起了。这个时候，德鲁克和他的一些追随者们又去挖掘日本企业成功的方法论，当找出日本企业崛起的方法论时，美国的商界和管理学界都震惊了。原来是因为美国企业管理太在意量化分析了，以为数学的科学方法是万能的，在

03 管理：让一切成为最好的安排

二十世纪五十年代，日本企业采用的方法论正是被美国企业遗弃的看起来没那么科学的"笨方法"：稳定地持续改善。

由此，我们看到管理学有两大门派，一个是以展现数学手法为主的管理科学，另一个才是真正的企业管理，或者称之为工商管理。毫无疑问，泰勒是管理作为科学的奠基人，而德鲁克则是管理作为真正的企业管理的奠基人。两个门派同根同源，和而不同，都是解决管理的实际绩效问题，只是泰勒真正的管理智慧后来渐渐被理解为以科学为中心。这其中也许还有一个很特别的原因，就是德鲁克活得更长。1915年，即泰勒的方法论出版之后的第四年，不到六十岁的泰勒就去世了，而德鲁克一直活到二十一世纪，作为将近百岁的老人，见证着时代的发展但又坚持着自己的管理方法论从未松懈。因为德鲁克这种毕生的坚持，让管理这门学科愈加回归实践，回归管理的本真，德鲁克成了很多企业管理研究学者与诸多企业家心中的管理学英雄。

管理作为一种有效方法论的诞生和成长，来之不易。从百年前泰勒冒着生命危险去追求管理的本质开始，就已经奠定了管理为求真理不屈不挠的格调。越是真正的知识，越是真理，越需要花心思去寻找或挖掘。在知识经济时代，这对于一个想要依靠知识谋求进步的企业来说，一定是需要认真思考的重大事项。

企业作为一个正式组织，不妨多听听德鲁克的"唠叨"，他为管理学付出了毕生的精力，一辈子都在不停地"唠叨"绩效。

从社会学里面就讲绩效，后来到企业里面讲绩效，从美国企业讲绩效，到日本企业，再到中国企业。德鲁克的声音已经穿越了管理百年，渗透在今天很多成功企业身上。

在纷繁的世界中，很多时候，我们依然需要有人在身边提醒一下自己，才不至于迷乱其中。毫无疑问，在所有漂洋过海传到中国的管理声音当中，德鲁克的声音是最具影响力的，在诸多受其影响的中国企业家当中，海尔的首席执行官张瑞敏是最具代表性的。张瑞敏认为德鲁克的理论就是陪伴自己的枕边思想，常读常新，他自己就是用"一二三"的方式来记忆德鲁克的管理思想的，铭记这些要点让他在管理实践当中更加确信和坚定，从而指导海尔创造顾客。海尔现在的"创客"思想（创造顾客和企业的每个人都有关系，而不只是销售人员）正是来源于德鲁克"创造顾客"的声音。从某种程度上说，德鲁克这位智者的声音一直在陪伴像海尔这样的中国优秀企业成长。

不妨听听德鲁克的"唠叨"，不妨每天听听这位智者在我们身边"一二三"地不停诉说。他说，企业只有一个目的，创造顾客；为此，企业要做好两个关键职能，创新和营销；企业要履行三个责任，一是取得经济绩效，二是通过提高效率来保证经济绩效，三是肩负起社会责任。

企业是社会的一个基本单元，因为企业的存在，人和社会更加美好，这是企业的使命。

03 管理：让一切成为最好的安排

品质管理：持续改善，永不封顶

自二十世纪上半叶美国企业崛起之后，日本企业也悄然崛起了。1946年，日本成立了一个"日本科学技术联盟"的组织，希望学者们可以为日本发展献计献策，焦点就是质量，希望以此为突破口寻求复苏。

别忘了对质量改进做出奖励

在为质量管理献计献策的学者当中，来了一位学化学的人，还有一位学物理的人。这位学化学的是日本人石川馨*，他于1949年加入日本"日本科学技术联盟"；这位学物理的人是美国人爱德华兹·戴明*，1950年受"日本科学技术联盟"的邀请到日本给企业讲质量管理。

> ***石川馨**
>
> 石川馨（Kaoru Ishikawa, 1915—1989），日本质量管理专家。代表作为《何为全面质量管理：日本模式》（*What is Total Quality Control? The Japanese Way*），重点在"全面"二字，也就是质量管理是全方位的质量管理，而不只是产品质量本身，涉及每一个人的工作品质。

相比戴明，石川馨的名气可能没那么大，但讲到一个工具的名字，可能很多人就都知道了——"鱼骨图"。"鱼骨图"的另外一个名字就是"石川图"，这个通过刨根问底来分析问题和解决问题的工具就是石川馨在企业工作时总结出来的。作为一个分析工具，相比后面系统的质量管理，还算不上重大理论。

> ***爱德华兹·戴明***
>
> 爱德华兹·戴明（Edwards Deming, 1900—1993），美国质量管理专家，物理学博士。戴明主张长期主义，做长期的持续改善，方法是用 PDCA 循环法不断改进。

1950 年，戴明的讲学在日本企业当中深受好评，他的课堂笔记也在日本疯传，也因此收获了丰厚的"版税"，但是戴明并没有把这些版税放在自己的口袋里，而是捐赠给了"日本科学技术联盟"。作为答谢，"日本科学技术联盟"在 1951 年设置了日本质量管理的最高奖来激励日本人有更高的产品质量表现，这个奖被命名为"戴明奖"。

所以，在了解质量管理之前，先别忘了一件特别重要的事，那就是要奖励质量提升。如果进步不被人看到，不被人肯定和奖励，很可能不会有人去做。这也许是被很多企业忽视的地方。

作为管理者的你，看到了吗？

质量不是计算出来的，是改善出来的

对于戴明奖的设立，一方面是感恩，是感性的事情；但另一方面，这里还暗含了更聪明的理性设计。奖励标准本身具有导向作用，通过设计和推崇一个重大奖励，激励人们有更高的质量表现，在这个奖项的背后，暗含了质量提升的方法论。日本企业拿这个奖励的标准来做自评，来审视和指导自己的行为。戴明奖的这套重要方法论，就是今天很多人都知道的 PDCA 循环，也称"戴明环"。

这个工具可能对于学习管理学的人来说耳熟能详，但越是这样，越要提醒知道这个工具的人：知道这个工具本身还不够，更重要的是要知道这个方法论必须付诸于实践，是一个行动指南，而不仅仅是一种知识。

从战后日本重视企业发展、重视知识的应用、重视品质的行为开始，已经为后续的文化理论埋下了种子。所以，战后日本经济的确快速复苏，并且在企业竞争力上对美国企业造成了极大的挑战，也因此，美国反过来去研究日本成功的方法论，从组织管理的角度得出的结论就是企业文化管理；从运营管理的角度得出的结论就是全面质量管理（即品质管理，质量和品质都是一个词 Quality，也可以称作全面品质管理）。

在竞争力受到威胁之后，美国的学者、媒体新闻界、各行各业的从业人员纷纷去日本学习，去总结和学习日本的成功，从而挖掘出方法论。1980年，美国电视台制作了揭示日本成功的纪录片《如果日本能，为什么我们不能》(If Japan Can... Why Can't We?)，讲述为什么相比日本，美国企业和美国经济失败了，节目最后压轴的时候戴明登场，这个时候美国人才恍然大悟，寻根究底，这张底牌竟然是美国自己人。

可是这不能怪戴明，戴明去日本讲学之后，没过几年，家住美国的约瑟夫·朱兰*也去了日本讲质量管理，朱兰和戴明在美国和在日本都讲同样的内容，但是在美国没人听，在日本不仅仅有人听，人们还真这样去做了。事实上，不是戴明救了日本企业，没有戴明还有朱兰，没有戴明、朱兰还会有其他人。只要致力于攻克质量问题，只要对这个问题足够重视并在方法论上付出真实的行动，就会有人因为这样的价值贡献而被载入史册。

> ***约瑟夫·朱兰**
>
> 约瑟夫·朱兰（Joseph Juran，1904—2008），美国质量管理专家，代表作为《朱兰质量控制手册》(Juran Quality Control Handbook)。

1981年，威廉·大内*出版了《Z理论》一书，解释了质量背后的根源。美国人不是不重视质量，而是在方法论上没有到位。同样是重视质量，美国是用数学计算的科学方式去管理产品质量，去降低质量上的瑕疵；而日本的方式则是在人的行为上下功夫，是让人从自己的行为上重视并保证质量，这就是日本企业有而美国企业

03 管理：让一切成为最好的安排

没有的东西，这样东西就叫做企业文化。不是理念，而是真实的行为；不是计算，而是持续改善。由此，持续改善也成为企业文化的核心内容。

> **＊威廉·大内**
>
> 威廉·大内（William Ouchi, 1943— ），美国管理学家，代表作为《Z理论》（Theory Z）。Z理论提醒企业，别只把眼光盯在人性的一面，也要放在企业的一面，也就是说，要看企业文化。对于一个组织来讲，只有树立了组织风格，才能正确地引导和培养人员。所以，Z理论不是谈X人和Y人（即人性恶和人性善）是什么样的，而是谈Z组织是什么样的；不是谈人性，而是谈组织文化，由此来促进个人的进步。这种文化包含四点企业的修为：一是重视品质，二是长期坚持，三是同时做传承和变革，四是能够做到自我批判和鼓励创新。只有做到自我批判才可以变革，在创新上也要拥有一定的包容性，允许试错，否则也无法开展创新。

尽管戴明有巨大的光环，但是日本人石川馨也功不可没，从"鱼骨图"开始，他就展现了高水平的方法论挖掘工作，而在日本质量管理方法论的总结上，石川馨可以说是一个很多人都没有看到的幕后高手。

石川馨和戴明同在日本科学技术联盟，戴明赴日讲学之后，

1951年，有"鱼骨图"方法论基础的石川馨就在日本出版了《质量管理导论》，而当美国人揭开日本企业成功的谜底之后，1985年，石川馨全面复盘和总结了日本企业的成功管理模式，出版了《何为全面质量管理：日本模式》，这才有了日本式管理的总结。美国式管理是科学管理，而日本式管理则是全面质量管理。

科学管理和全面质量管理的从方法论上来看是截然不同的，两者最大差别在于，全面质量管理的根本逻辑不是去测算，不强调"零缺陷"，这是非常有智慧的地方，关键在于改进，并且是持续改进。

很多人至今都没有明白为什么不用"零容忍"、"零瑕疵"或者"零缺陷"这样的概念，真正的原因就在于，当存在零缺陷时，就意味着质量被封顶了，而真正的质量从不封顶，并且是持续改善。这其实是对质量提出了更高的要求，质量永远可以有提升的空间。

还有一点很重要，解决质量问题不是一步到位，不是西医的立竿见影，而是采用中医疗法，必须是一点一点地改进，并且永远不断地去改进。这才是质量管理的秘密，也是戴明PDCA循环的真正内涵。

PDCA循环有几个关键要领。首先，要提升质量，第一步是先做计划（Plan），很多人都不知道提升质量要从哪里开始，答案很明确，就从计划开始，这是一个人改善工作品质的起点。有了计划，第二步就要去做（Do），就是去执行计划，很多时候质量不能保证，往往是在这一环节"掉链子"。为了保证这一环节不掉链子，就有了第三步检查（Check），看看执行得是否到位。最后的工作就是调整（Adjust），调整就是反馈，意味着新一轮改进的开始。这个过程就叫做持续改善。

如果我们坚持一点一点地改进，慢了，就是快了。如果我们可以读懂这句话，就能够明白持续改善的"持续"之意了。怕的是不理性，怕的是不持续，怕的是急于求成，怕的是眼高手低，怕的是不行动。

切记，在持续改善上，没有一劳永逸。

顾客才是改善的中心

PDCA 循环可以成为各种品质提升的方法论，也因此，全面质量管理还有另外一个特点，不少人都忽略了这个特点，以为全面质量管理就是在讲产品质量管理，这样就不全面了。这也正是石川馨作为方法论总结者的厉害之处，他让我们不只是要看质量管理这几个字，更要看到"全面"二字。

全面并非面面俱到。如同朱兰的观点，在质量管理问题上，要集中精力，聚焦关键点来突破，这是总体的方法论。

要强调一点，很多人以为质量管理和自己的工作无关，尤其是不在产线上的人。殊不知，一方面，不管在哪个位置上，自己都和产品有关，都和终端顾客有关，自己也是企业品质的一部分；另一方面，每一份工作都有品质高低之言，都可以用品质来衡量，都可以持续改善，做得更好。

秉承戴明的质量管理和朱兰补充的"二八原则",以顾客为中心,有三个最为关键的地方必须做到持续改善:一是产品和服务,二是成本,三是价值链系统。要谨记"全面"二字,忽略其中的某一个部分,那就不是全面质量管理;也不能只是一时改进,而忘记了持续改进,那也不是全面质量管理;更不能忘记改善的中心,即顾客,否则,也不是全面质量管理。

我们的质量管理工作真的做得全面吗?也许太多人把眼光放在了产品或服务本身,忘记了成本和整个组织的内外系统都永远存在改善的空间。

很多产品质量很好的企业却活不下来,原因在于其在改善成本的方面做得不到位,在内外协作上做得不够好。只有产品质量优势,而在成本、渠道等方面没有下足功夫,这些关键点上存在漏洞,就不是全面的质量管理,就会影响企业的竞争力。二十世纪九十年代乔布斯回到苹果公司之后,很多人只看到了乔布斯对于苹果产品的改善,可是却没有看到,乔布斯在努力降低苹果公司的成本和寻找市场渠道,所以才有了运营成本专家库克的加入,才有了苹果体验店的逐步建立,这才是乔布斯带给苹果公司的系统质量改善。

所以,在质量管理的问题上,要保证产品品质的供血,还要杜绝一切浪费,敢花钱但是又很省钱,这不矛盾。按照"二八原则",所有资源应该集中于最重要的地方,凡是与顾客价值不相关的部分都可以砍掉。该花钱的地方再贵也得花,因为要保证品质,不该花钱的时候再便宜也不该多花,因为会占用提升品质的资源。

因为这种意识，太阳马戏团才拿掉了最贵但顾客已经厌倦的大象表演，转而在故事情节设计上下了更多的功夫；一些好莱坞电影公司才会降低对天价巨星的依赖，转而在开发优质剧本和渠道发行上多一些投入；因为这种意识，当很多零售巨头的富豪去买游艇和豪华别墅时，沃尔玛的创始人沃尔顿却把省下的钱去建设自己的物流系统。如果我们聚焦顾客价值去留意和反思，我们浪费的成本可能还有很多，很多改善的成本都用在顾客之外了。

因此，对于质量管理来说，要全面，并且要聚焦顾客价值。我们每个人可以问一下自己，对于我们的工作本身和工作方法，围绕顾客价值，还有哪些改善空间？这值得不断地去问，不停地去问……

警惕自满：持续改善的大敌

持续改善是个特别难的事情，就是因为有"改善"这两个字存在，有了改善的效果之后，尤其是当自认为成功之后，就容易自满，容易自我封顶，即便仍然在改善，因为自满，力道也许会大不如前了。甚至容易被胜利冲昏头脑，这样改善的行动就会停止了。

这也正是在二十世纪八九十年代之后，当美国甚至全世界都在赞美日本巨大的成功之后，日本企业开始衰退的原因。当八十年代日本的全面质量管理方法论被总结出来之后，日本企业也到达了成就的巅峰。不得不说，持续改善是个非常高的要求，谁停住了改善的步伐，谁的成就也就停住了。如同战后弱小的日本坚持长期改善从而逆袭美国，在美国本土市场沃尔玛从一家小超市成长为行业第一，也是遵循了持续改善的规律。沃尔玛的管理层每周都进行看似枯燥的经营分析会，复盘过去的一周，计划接下来的一周，无限循环，这个非常好的习惯至今仍在保持，从未松懈过，这也是沃尔玛可以保持世界第一的重要原因。当然，有些企业的总结会是以月度或季度为频次，更密集的还会有日报，核心依然在于不间断地改善。而从探索方法论的角度来说，方法论不只是在回顾过去，更要不断摸索新的方法，才会有未来的成长。要警惕自满，警惕自我膨胀，也要小心好高骛远。

三十多年前，日本企业正值巅峰，曾有日本学者到中国考察，最后认为中国没有真正的企业，原因是没有产品。的确如此，那时候我们拿不出像样的产品，自然不会让人觉得有像样的企业。甚至在不少行业，不论是家电行业还是重工业，日本产品就是品质的代名词，顾客会优先考虑，但凡经历过改革开放初期的消费者和经营者都会有所感触。

可是今天，因为我们的持续努力和改进，我们真的取得了进步，因为这一代又一代人的付出，我们有了更好的产品和企业，这才是改革开放背后的故事。我们不要怀旧，要感恩这些人的改进让中国拥有了真正的企业和进步；更要有归零的意识，要重新开始继续努力，才能拥有更高的改进动力和空间。这并不是口号，而是我们对于改革开放所取得成就的最真诚的认知，我们必须要在未来拥有成就，当下没有任何理由松懈。

持续改善不是某个国家、某个企业、某个个人独有的事情,对于全世界的企业和人来说都应该如此。我们真的读懂持续改善了吗?

也许华为读懂了,因为华为说自己永远没有成功,只有成长。不断地去改善,这就是高品质的秘密,现在永远是品质的新起点。

幸福管理：关心任务与关心人合二为一

效率是个持续的话题，品质改善更是持续的动作，一切效率和品质表现都是由人来贡献的。因此，企业在做任何动作的时候，都要有持续对人的关心。不是去评价人的好坏，而是让人和任务匹配起来，让绩效真实地发生。

关心人：感性的事理性做

关心人的确是一个感性的话题，但是，对于企业来讲，必须理性地去看待。用理性的方式去做感性的事情，才会让人真正收获幸福。企业不能脱离工作和业绩去谈广泛意义上的幸福感，如果企业用很感性的方式去做这件事情，会打乱一个人的工作节奏，甚至会让人变得浮躁，最后不能贡献绩效，进而破坏了一个企业的可持续性，谁都无法幸福。

有的管理者很希望员工可以努力干活，却忘了一个人在干活之前要先填饱肚子。否则再重要的活，员工都有可能放到一边，先去找食物。

有的管理者很能体会员工的成长需求，也很愿意授权给成员，可是当授权一旦变成放任自流的时候，企业很容易就会乱成一团，而当没有业绩的时候，大家都不愉快。这样好心的管理者反而办了坏事，因为这个好心的管理者忘了人有好强的一面，也有脆弱的一面，需要管理者时不时去帮一把，而不是撒手不管。

很多人都喜欢万事如意，却忘了这只是一种理想的愿景，现实就是不能事事如意。所谓万事如意，一定是经过包容、体谅甚至是有所牺牲的设计。

因此，幸福其实是要经过理性设计的，要实现幸福，很多时候就要求管理者思考如何设计，企业中的每一位成员思考应该如何来做，这时，人人都可以获得这个自由边界内的幸福。幸福的绩效创造，也能让自由的空间变得越来越大。

◎ 奋斗者收入翻番

对于泰勒的科学管理，有些指责的声音认为泰勒太过理性，只关心任务，不关心人。这样的声音只说对了一半，泰勒的确非常理性，但是，泰勒却不仅仅是在关心任务，同样也在关心人。泰勒费尽千辛万苦把最好的工作方法找出来，手把手地教给身边的人，不浪费这些身强力壮的人的体力，让这些人可以变成产生工作绩效的人。现如今，很多管理者都未必能像泰勒这样敢于付出，去找出方法，去向人传授方法，去帮助工作效率低下的人高效率地工作。

我们需要意识到的是，人的成长其实是个体需求层次中高层次的需求。以泰勒的例子来说，泰勒并不能一开始就拿员工的成长去做诱饵来驱动一个人。要激励一个人，必须要能拿出让一个人能够触摸到的东西，并且是深有感触的东西。从这个角度来看，有形的物质条件改善就是那个最容易让人触摸到的东西，这对于饿肚子的人来说，就更深有感触。所以，当管理者希望一名员工可以很努力地为工作付出时，不论是研发还是销售，不论是提供产品还是服务，尤其是在面对顾客时，一定要先保证员工的生存问题。不能让员工饿着肚子去服务别人，不能让员工空腹去做有想象力的事情，这都不现实。

泰勒的方式就非常简单有效，他找出该做的事情和工作方法之后，就明确地告诉员工，按照这个方法去努力，事成之后收入翻番。对于一个人的基本需求，一百年前和今天并无两样，人都需要衣食住行。这正是到今天为止，很多企业都在沿用的"奋斗者收入翻番"的来源。这是一个持久有效的激励方法，不过不要忘了其中的关键和前提，是为了工作而奋斗，天上不会掉下收入翻番的馅饼。

◎ 让人的需求在工作中得到满足

在科学管理之后，心理学也开始进入管理学领域来探究如何更好地激励人，尤其是在二十世纪二三十年代乔治·梅奥*提出人际关系学说之后，心理学的探索也越加系统化。心理学从来不回避生存对于一个人来说有多么地重要。

> ***乔治·梅奥**
>
> 乔治·梅奥（George Mayo, 1880—1949），美国心理学家，代表作为《工业文明的人类问题》（*The Human Problems of an Industrialized Civilization*）和《工业文明的社会问题》（*The Social Problems of an Industrialized Civilization*）。二十世纪二十年代，梅奥开始到美国西屋电气的霍桑工厂展开

03 管理：让一切成为最好的安排

实验，研究人的效率的来源，因为西屋电气在当时的美国已经拥有很好的员工福利，结果发现物质条件对于人的效率提升是有限的，于是继续寻找物质条件以外的原因。结果发现人的专注会影响工作效率，而当人带着不愉快的心情工作时，就无法专心工作，就会影响效率，而人的情绪又受到人际关系的影响。于是就有了人际关系学说，人际关系影响人的工作情绪进而影响绩效，所以人与人之间应该更多给予支持，同时，不论外界关系是否对自己有利，人都要学会稳定自己的情绪，因为只有拥有稳定的情绪时才可以专心投入工作，获得工作绩效。

亚伯拉罕·马斯洛*无疑是探索人类需求理论的先驱。马斯洛和德鲁克都是1900年代生人，并且在二十世纪四十年代，两人分别开展了对于人和组织的探索，德鲁克探索了关于组织的理论，撰写了《公司的概念》；而马斯洛则探索了关于个人的理论，即《人类动机理论》。德鲁克在这个过程当中探索到了对于一个正式组织而言绩效的重要性，有意思的是，1954年，当德鲁克推出《管理的实践》来提出目标管理的时候，同年，马斯洛也出版了《动机与人格》。

亚伯拉罕·马斯洛

亚伯拉罕·马斯洛（Abraham Maslow，1908—1970），美国心理学家，代表作为《动机与人格》(*Motivation and*

Personality*)和《人类究竟可以达到什么样的境界》(*The Farther Reaches of Human Nature*)。

这两个人其实是在不同的研究领域当中的，但是我们又非常有必要把这两个人放在一起来看，因为只有这样，我们对于目标或者需求的认知才是完整的。德鲁克强调目标管理，马斯洛强调人的需求，这两个方面必须合二为一，企业才能真正获得绩效，人的需求才有机会得到满足。我们一定不能忽略马斯洛需求理论当中的生存需求，也就是基本的生理保障和安全保障，脱离开这个部分人就会不安，就不能做好工作。所以，在餐饮业，服务人员在服务客人吃饭之前一定要先吃饭，并且要吃得好，这是很严肃认真的事情，否则一个人就会在服务的时候分心，这是一个人的生理反应。而马斯洛告诉我们更重要的一点，人有自己的尊严。

劳动者最光荣，这对任何一个企业而言都不应该只是一个口号，必须要落到实处。我们不仅仅要知道服务人员在服务客人吃饭之前要先吃饭，还要知道，服务人员能够服务到什么程度取决于自己对于服务的理解和认知。如果一个人从来都没有感受过什么是好的服务，也很难做出好的服务来。对于组织和个人的关系来说，尊严的意思其实是将心比心，企业很希望员工愿意很用心地去服务和创造顾客，前提条件是企业得把员工当顾客来看待。当员工可以感受到企业在为自己花心思时，就会懂得如何为顾客花心思。

今天在企业当中，也许会增设一个职位或者工作来专门去设计如何来服务员工，比如"幸福官"，以此来关爱员工。要提醒做这个事情的人,这是正式的工作,原因就在于,最终要把关心人和实现目标结合在一起。对于一个不太大的公司而言,也许这个"幸福官"就是老板本人,也许就是各个公司当中员工的直接主管,要能够照顾到员工的体验,至少不能让员工或者下属闷闷不乐地去工作。

相互加持的正向气场

1911年,在《科学管理原理》出版之后不久,第一次世界大战就爆发了,战争的军需让人们的工作变得愈加辛苦,关心人的话题也得到了越来越多的重视。心理学家梅奥发现,物质条件给人的激励效果是有限的,对于一个人的工作绩效,能否做好,很大程度上取决于自己能不能以一个积极的态度专心工作。当一个人可以摆脱焦虑专心工作时,就能达到最佳的工作状态,从而创造出高绩效。

可是,这种状态的获得通常和这个人与周遭的关系有关。比如,一个年轻的员工在家里常常和家人有矛盾,总是带着很不好的心情去工作,于是工作绩效就很差。当同事发现这个问题之后,积极地去开导这位员工,去接纳员工融入组织,帮助这名员工理解家人的做法,并且鼓励这名员工把重心放在工作上。这个时候,这名员工的心态就平静下来,可以专心工作,并因此获得好的绩效。

这是绩效背后的一个很神奇的力量,这个驱动因素并不是物质,甚至不是自己一个人,而是彼此的加持。如果同事之间都是如此,这就是一个士气非常强的组织,组织就会拥有充满正气的强大气场,这个气场会促进绩效。

这就是梅奥的人际关系学说。今天，这种关系已经从同事关系延伸到上下级关系，甚至各种内外的伙伴关系，因为彼此的相互帮助，让个体变得更好，也让整体变得更强。当中最关键的地方在于，一切都是向着积极的方向调整。在正式组织当中，所谓的人际关系也是正式的人际关系，是鼓励和帮助彼此更好地完成任务的，不是为了让彼此在工作当中变得消极，更不是反组织的。

不过，我们也不能被这种关系所误导，误以为一个人完全会受外界左右。因为真正的调整其实是自己的调整，也就是"内控"而不是"外控"，尤其是在充满各种诱惑的环境之下，最重要的是做好自我管理，在工作时卸下一切烦恼，让自己的内心安静下来，专心致志，才能获得成效。今天，当情商这个词已经走进大众视野时，人们应该了解的是，情商只有被定义为能够管理好个人情绪的时候，才能够和绩效挂钩。

内驱力才是最大的激励力量

在研究人的领域，按照研究者出生时间来看，梅奥是1880后，马斯洛是1900后，相比梅奥和马斯洛，1920后出生的弗雷德里克·赫茨伯格*的研究更加一针见血，直击了"激励"这个关键要点，让激励这个话题真正浮出水面。不谈复杂的人际关系，也不谈无边无际的人的需要，而就是回到工作本身，挖掘工作的内在意义。如果一个人的满足感不是来源于工作本身，而是来自工作以外的事

03 管理：让一切成为最好的安排

情，这个人工作的激励力量就不够。

> ***弗雷德里克·赫茨伯格**
>
> 弗雷德里克·赫茨伯格（Frederick Herzberg，1923—2000），美国心理学家，代表作为1968年发表在《哈佛商业评论》（*Harvard Business Review*）第一期上的论文《再一次去问如何激励员工》（*One More Time: How Do You Motivate Employees?*）。

西方主流宗教思想认为，人生下来是带着罪的，一个人为了赎罪应该进行不断的劳动。但作为当时年轻一代的研究人员，赫茨伯格勇于挑战这样的认知：人工作不需要什么负罪感，人不是为了外界因素而工作，一个人工作要想得到最大的力量，一定不是来自外部的任何驱动，而是源于自己内在的驱动，这才是真正的激励因素。二十世纪六十年代，当赫茨伯格的"激励因素"新概念发表在《哈佛商业评论》上时，创造了一百万册的期刊文章销售记录。这也足以说明，这个全新的认知触动了很多人的内心。

更重要的是，这让更多的人认识到激励的真正来源。在组织中也是这样，如果个人的内驱力不够，一方面，企业给予的物质条件就不会发挥太大的功效，或者说还需要花费更多的成本来激励，即便如此，也依然未必达到理想的效果，如此一来，激励的效率就会大大降低，很多花费反而变成了浪费；另一方面，个人的工作绩效也很难得到真正的释放，换言之，个人的价值和成就都被束缚了。

赫茨伯格用激励因素对于内驱力的表达和麦克利兰的成就需要理论有异曲同工之妙。麦克利兰年长赫茨伯格六岁，比马斯洛小九岁。1943年，马斯洛在《人类动机理论》中试图描述人的复杂需求；1953年，麦克利兰出版了《成就动机》，直接聚焦到可以创造绩效的成就需要；1954年才有了马斯洛的系统需求论述《动机与人格》；到了1961年，麦克利兰继续主张《追求成就的社会》。

紧接着马斯洛，麦克利兰和赫茨伯格又把这对内驱力的研究聚集在工作本身，从而有了工作中的激励因素。1953年，36岁的麦克利兰出版了《成就动机》，1959年，36岁的赫茨伯格出版了《工作动机》。将近十年之后，赫茨伯格的文章《再一次去问如何激励员工》在1968年的《哈佛商业评论》上大放异彩。

事实上，马斯洛和麦克利兰以及赫茨伯格的研究并不矛盾，只是马斯洛考虑得更为系统，他坦然地去直面人的最底层需求，从来都没有忘记探索价值本身。赫茨伯格的文章发表不久，1970年，马斯洛就去世了，1971年，马斯洛的遗作《人类究竟可以达到什么样的境界》出版，主题仍然是在探索人的价值。

在整个激活人的理论体系当中，一方面是最基本的生存要素，另一方面是个人或者工作的价值要素，这些要素合起来提供给人最强大的力量。而不论是对于个人还是工作，内在的价值挖掘更是可以爆发出无限的力量，至今我们都无法探索或者触摸到那个无限的境界边缘。

我们的内驱力够吗？也许我们真的应该和工作谈一场理性的

"恋爱"，理性地去挖掘工作的意义和价值，并让自己最终爱上工作。当我们拥有这样的意识时，工作一定会比之前想象得更有价值，而我们从工作当中得到的也远不止于薪资和奖金。在这一点上，1920后的赫茨伯格和1900后的德鲁克一脉相承，都主张赋予工作更大的意义和价值空间，这就是工作丰富化的概念，我们可以把一个平凡的工作做得丰富多彩。

我们要去挖掘工作的意义，不论是销售、研发、生产、还是行政等工作类型，不论工作层级如何，不论工作性质如何，不论工作领域和类别如何，只要我们敢于去深度挖掘其中的意义，就可以创造出意想不到的价值。而当我们把工作丰富化之后，自己一定会成长，持续去挖掘，持续去行动，自己就会持续成长，人生就会更加丰富多彩。这就是内驱力。

这的确有点像是谈恋爱，但不是老板和员工谈恋爱，而是我们和工作去谈恋爱。如果我们愿意去看到和挖掘恋人的好，就会看到越来越多的好，看似平淡的爱恋才能迸发出更多的美好，才能长久。

再问一次，我们的内驱力真的够吗？

管理学这一百多年迸发出的持续生命力，不是因为别的，就是因为总有人不停地为了这门学科或者说这份事业而耕耘，管理理论的研究工作从来都没有停止过，当中笔耕不辍的非德鲁克莫属。

而在这些不停地为管理学科贡献的人当中，又有一个很特别的现象，从十九世纪中期出生到二十世纪中期，在这一百年当中，每隔二十年就会涌现出一个或一批管理学大师，或者称之为贡献者更为确切，这些人都成了现代管理学的重要奠基人。而1900年代又是一个分水岭,从这个时期出生的大师也渐渐多了起来。从十九世纪中期左右出生的泰勒、韦伯、法约尔*,到1880年代出生的巴纳德、梅奥、熊彼特,这些人都是奠基管理学的先锋。不论是生产效率、组织效率还是人的效率,这些贡献者让世人看到了管理要解决的效率根本。

*亨利·法约尔

亨利·法约尔(Henri Fayol,1841—1925),法国管理学家,著有《工业管理与一般管理》(*Industrial and General Administration*)。法约尔提出管理包含计划、组织、指挥、协调、控制的职能,为管理学教材提供了一个通用的框架,同时法约尔也提出组织管理一般都要具备一定的原则,从基础的工作分工到整体的团队协同都要有。韦伯的理性组织理论、法约尔的一般组织理论、巴纳德的目标与合作组织理论,以及德鲁克的分权组织理论,是组织理论的重要奠基,这四个人也都被誉为"组织理论之父"。

德鲁克、马斯洛和麦格雷戈*是1900年代生人,是承前启后的一代人。德鲁克研究组织和创新受巴纳德与熊彼特的影响很大;作为心理学家,马斯洛和麦格雷戈则跟着心理学家梅奥,敲开了管理学的大门,进入了探索组织行为学管理领域;麦格雷戈更是不断招兵买马,挖掘了新生力量沙因*,还培养了自己的学生本尼斯*。

03 管理：让一切成为最好的安排

> ***麦格雷戈**
>
> 道格拉斯·麦格雷戈（Douglas McGregor，1906—1964），美国心理学家，代表作为《企业的人性面》（*The Human Side of Enterprise*）。
>
> ***沙因**
>
> 埃德加·沙因（Edgar Schein, 1928—），美国心理学家，代表作为《组织心理学》（*Organizational Psychology*）和《企业文化生存指南》（*Corporate Culture Survival Guide*）。
>
> ***本尼斯**
>
> 沃伦·本尼斯（Warren Bennis，1925—2014），美国管理学家，代表作为《组织发展》（*Organization Development*）和《领导者》（*Leaders*）。

激励理论的奠基人赫茨伯格、领导力的奠基人费德勒和本尼斯、文化理论的奠基人阿吉里斯和沙因、营销理论的奠基人莱维特，这些都是1920年代生人。细心思考你就会发现，管理学的大树就已经有了基本的面貌，从树根开始，延伸出重要的枝干。

再往后二十年，《追求卓越》的创作者彼得斯、《竞争战略》的创作者波特、《变革力》的创作者科特、《企业核心竞争力》的创作者普拉哈拉德、《第五项修炼》的创作者圣吉，这些都是1940年代生人，其中，波特、科特和圣吉都是1947年出生。这些人的成果集中在二十世纪八九十年代左右，成了美国企业在受到日本企业冲击之后重塑竞争力的重要智囊。

紧随这些人之后，比泰勒小一个世纪、比德鲁克小半个世纪的柯林斯*搭上了最繁荣的西方百年管理的末班车，在二十世纪末美国企业再度崛起之后出版了《基业长青》，受到了年近九十岁高龄的德鲁克的高度赞誉，《财富》杂志把德鲁克称作二十世纪最有影响力的管理思想家，而把柯林斯称作当今在世的最有影响力的管理思想家。

> **＊柯林斯**
>
> 吉姆·柯林斯（Jim Collins，1958—），美国管理学家，代表作为《基业长青》（*Built to Last*）和《从优秀到卓越》（*Good to Great*）。

继彼得斯和普拉哈拉德这一批迎战日本企业崛起的管理学家之后，再往后的二十年，管理学的智慧之种已经在中国播撒，因为改革开放让中国现代企业开始成长，而二十世纪六十年代出生的中国管理学者恰恰是第一批见证者。在进入新世纪之后，就有了呈现中国企业成长规律的《领先之道》，这本书被誉为"中国的《基业长青》"。一代又一代研究者的耕耘，让百年管理和真实的企业一直走在一起，陪伴了无数企业的成长，也陪伴了无数人的幸福之路，大到财富名人榜，小到每一个人的衣食住行。

这就是管理研究这份工作的意义，这里以笔者从事的研究工作来向读者表明，一份工作的意义远远比我们想象的要大，但是鲜有人去这样挖掘工作的意义。若是一个人对工作开始感到厌倦和无聊，甚至是迷茫和摇摆不定，他对事业和工作就不再拥有信仰，会变得唯利是图。可是，一旦我们把工作的意义挖掘出来，不需要任何外力，就能支撑一个人付出毕生的精力，这就是真正激励力量的强大。

德鲁克为管理研究真正付出了一生。相比同期的大师，没有一位大师像他一样走了如此漫长的路。他一生有近四十部著作，如果以1970年为分界点，这个时候马斯洛和麦格雷戈已经去世，德鲁克也开始离开纽约大学进入了一所相对小一些的克莱蒙特大学，德鲁克有四分之三的著作是在他的同辈甚至晚辈已经停止创作或者去世之后创作的，直至新世纪之后，九十多岁高龄的他依然在写作。

也因此，今天德鲁克成了大师中的大师。这就是工作的意义，我们谁可以触碰到这个边界呢？路还很远，我们一定还有太多工作可做。大道相通，各行各业都是如此。

领导者和下属的微妙关系

德鲁克的作品第一次从管理学领域浮现出来，是1946年出版的《公司的概念》，随后就是他最有名的《管理的实践》，出版于1954年。这两本书分别讲到了两个故事，一个关于通用汽车公司，一个关于福特公司。作为一个善于观察组织的旁观者，他发现了两家企业上下级的微妙关系。通用汽车的首领斯隆愿意把权力分出去，培养起了一批事业部的管理人才；而福特汽车的首领亨利·福特则手握大权，并且监视身边管理者的一举一动，最后这些人都离他而去。

两个人的做法究竟谁对谁错？如果以结果来判断的话，亨利·福特的确错了，他把一家企业从成功带向了衰落，丢失业绩，首领有着不可推卸的责任。可是亨利·福特的做法又不是完全没有道理，如果把权力全部下放，结果就真的一定好吗？谁又敢说自己没有一点私心呢？

与德鲁克年龄相仿的麦格雷戈在1957年和1960年先后发布了同名文章和著作《企业的人性面》，书中不仅描绘了人性自私的一面，也展现了人性自主的一面。一面是很被动的，是脆弱的；一面又是很主动的，是很强大的，这就是人性的真实构成。

如果我们读懂了这样的人性特征，就会发现，上下级存在着一个很微妙的关系，作为上级，想授权但又不放心，因为人既强大又脆弱；而作为下属，自己想被授权但又不想被放任自流，因为自己想做事但又需要帮助和陪伴。这就是企业面临的真实的上下级关系。其实上下级要想共同产生绩效，应该一直在一起工作，彼此之间实际上是若即若离的关系。

可惜的是，在《企业的人性面》发表不久后，1964年，还不到六十岁的麦格雷戈就去世了。不过，他在世时挖到的一位人才沙因还有他的学生本尼斯继续扛起了管理研究的大旗。

麦格雷戈是麻省理工学院斯隆管理学院的联合创始人。从二十世纪二十年代开始，斯隆率领通用汽车凭借分权管理逆袭福特汽车，到二十世纪中期，通用汽车已经成为全美最大的企业。1946年，斯隆卸任首席执行官之后开始筹办商学院，并从五十年代开始与麻省理工学院展开合作。1954年，麦格雷戈受斯隆基金会支持到麻省理

03 管理：让一切成为最好的安排

工学院去发展管理研究，沙因正是1956年麦格雷戈邀请加入到斯隆管理学院的一位哈佛哲学博士。

沙因把上下级之间的微妙关系称为心理契约，这是合同之外的东西，但是这个微妙的存在会影响彼此的绩效，因此，一定要"上下同欲"，才能创造绩效，这是组织绩效的前提。"上下同欲"，这就有了组织文化的概念，这就是沙因走出的一条路。而本尼斯则沿着领导力的方向去走，认为领导力必须是灵活的，是善于应对变化的，本尼斯预见性地敏锐感知到环境愈加动态地变化。所以从六十年代末期开始，他就把注意力转移到领导者要随环境的变化去发展组织上，这时候，就有了组织变革的概念。沙因和本尼斯一内一外，教会企业要变成一个内外通吃的多面手，这就是沙因和本尼斯对于《企业的人性面》的联合发展。

在1920后出生的一批学者当中，除了沙因和本尼斯之外，还有一位同样是心理学出身的学者，把上下级关系讲得更加深入透彻，这个人就是弗雷德·费德勒*。在麦格雷戈去世的1964年，他提出了"权变领导理论"。领导者和下属到底应该如何相处，要看下属是否成熟。下属不成熟的时候，要先去指导和培养，等到下属逐步走向成熟的时候，再去渐渐授权。到底何为成熟？就是看一个人工作的能力和意愿，只有当一个人愿意工作并且有能力工作的时候，才算成熟了。这就是检验一个人在工作当中是否成熟的标志。

*弗雷德·费德勒

弗雷德·费德勒（Fred Fiedler, 1922—2017），美国心理

学家,代表作为《领导有效性理论》(*A Theory of Leadership Effectiveness*)。1964年,他在《实验社会心理学进展》(*Advances in Experimental Social Psychology*)第一期发表的文章《领导有效性的权变模式》(*A Contingency Model of Leadership Effectiveness*)中,提出了权变领导理论。

费德勒的权变领导理论在根基上其实是以阿吉里斯*的理论为基础。阿吉里斯和费德勒年龄相仿,都是1920年代生人,但是早在1957年,刚过而立之年的阿吉里斯就出版了《个性与组织》,这和已经是资深学者的麦格雷戈首发《企业的人性面》是同一年。与麦格雷戈不同的是,阿吉里斯不是去探讨人性的好坏,而是阐明了人从不成熟到成熟的观点。

*克里斯·阿吉里斯

克里斯·阿吉里斯(Chris Argyris,1923—2013),美国心理学家,代表作为《个性与组织》(*Personality and Organization*)以及1977年发表在《哈佛商业评论》(*Harvard Business Review*)第五期上的文章《组织中的双环学习》(*Double Loop Learning in Organizations*)。

这一点看似简单,但是很多时候都会被我们忽略,忘记了帮助身边的人成长,甚至都忘记了自己的成长。沿着这个脉络,阿吉里斯找到了一个人成长的关键路径,就是通过学习。由此,有了组织学习的概念。再往后才有了下一代组织学习的代表人物圣吉,他主张要打造一个共同学习、共同改变、有共同语言和共同进步的学习型组织,这样的组织才是有文化的组织,因为组织和个人都在不断适应环境而共同成长。

锻造自身——领导者幸福感来源

一个人的确可以从工作当中找到幸福感,但是对于一个领导者来说,应该警惕的是,不要因为日常工作处理得得心应手而沾沾自喜。因为这个时候,领导者也许已经过度操心了,而把自己该做的要事忘了。

如果复盘管理的历史,就不难发现领导者需要做到三件事情。一是要能够找出好的工作方法,这是作为一个管理者的要求;二是要打造一个强有力的管理层团队,这是支撑组织发展的基础;三是领导者要把自己从日常管理事务当中解脱出来,专注于一个企业的大事,即战略与变革,这才是真正属于领导者的工作。

在对通用汽车的研究上,历史上有两个人研究得很透,一个是德鲁克,另外一个是比德鲁克小九岁的钱德勒。德鲁克毫无疑问是管理的行家,钱德勒则开创了一种企业史的写法。钱德勒出身新闻世家,他的曾外祖父普尔是记录美国钢铁业发展的记者,也是标准普尔的创始人,这种基因让钱德勒能够近距离透视美国企业的成长,由此开创了企业史的研究。

在1946年的《公司的概念》当中,德鲁克从组织分权结构管理的角度分析了通用汽车的成长。而16年之后的1962年，钱德勒出版了他企业史研究的奠基之作《战略与结构》，通用汽车是其中的重要蓝本。不过钱德勒又把结论再挖深了一步，一方面使分权结构得到了验证；另一方面，钱德勒发现首席执行官会把自己从管理事务当中解脱出来去做另外一件要事，这件事情就是战略。要事第一，战略为先，以此来决定公司的内部结构安排。

由此，到了二十世纪七十年代以后，伴随着美国企业经受的环境剧变，不论是新一轮的经济危机还是日本企业的直接冲击，新一代的领导力研究代表本尼斯以及后续的科特已经开始明确把领导和管理这两个概念区分开来，把领导这个活动单独从内部管理中解脱出来，领导就是制定战略方向，引领企业变革。

很多人以为当领导者的人很风光，可只是表面如此。领导这个角色今天需要承受更多的工作内容：既要懂得挖掘方法和带团队，以若即若离的微妙关系陪伴成员；同时又不能过于深陷日常管理，必须拿出精力来思考未来，保证企业拥有正确的航向。所以当一个人想要创业时，想要当老板时，或者急于想要当所谓的领导者时，一定先要问自己，懂不懂这些？能不能承受这些？是不是应该让自己先经历一些成长和锻炼？

领导者或许是疲惫不堪的，但这正是领导者的幸福感，痛并快乐着。也许在一个神采奕奕的人的背后，是一个疲惫的身影，但这正是一个人的人格魅力和幸福之源。

对于领导者背后的疲惫不堪，在企业摸爬滚打二十年的系统组织理论奠基人巴纳德深有体会，所以他才把身心健康放在领导力的

03 管理：让一切成为最好的安排

首位，一定要锻炼好身体，并且要有强大的心理承受力，在企业当中才能持续成长，领导者才能带领企业持续成长。一百多年前泰勒在工厂中面对强大的阻力仍然坚持推行科学管理时，他甚至把命豁出去捍卫真理，敢对敌对势力说要杀要剐放马过来，这在一定程度上是否也和他是全美网球冠军的强健体魄有关呢？当我们又知道他因眼疾无法上大学，不得不去做小工，并且一直做到工程师、厂长和顾问，我们更会明白，这一切的背后，一定是有一颗勇敢的心在支撑。

面对如此繁重的工作内容，领导者还需要清晰地塑造自己的能力。早在1955年，一位正在读博士的三十岁不到的年轻人罗伯特·卡茨就已经在《哈佛商业评论》发表文章来探索管理者所需要的三种工作能力：技术能力、人际能力以及概念能力。对于高阶的领导者来说，技术能力未必很强，但是必须有足够的概念能力，也就是我们今天讲的战略洞察力。但领导者身边又不能没有技术能力很强的人，也不能没有人际关系很强的人，否则就只是有想法，而不能把想法转变为现实，领导者非常需要一支执行力很强的管理层团队。

二十年之后，1975年，亨利·明茨伯格又在《哈佛商业评论》上发表了一篇名为《管理者的工作：传说与事实》的文章，来阐述管理者的三个角色：决策角色、信息角色和人际角色。这提醒管理层必须能够保证实现三点：一是战略决策，二是准确无误地传递决策信息，三是要组织起成员来共同完成任务。

知道自己需要什么能力就努力培育并寻求互补合作，找到自己的角色并勇于担当,这是领导者通往幸福之路的指南,也应当是所有人的行动指南。每一个执行力强的人都有机会成长到高阶管理者,管理者都是过来人。不论到任何时候,再高阶的管理者也总有要服务的对象,再基层的人也总有可管理的对象,哪怕是管理自己。领导力和执行力是一枚硬币的两面,每个人身上都同时蕴含着这两种能力,需要我们自己激发出来。

03 管理：让一切成为最好的安排

营销管理：凿出空间

二十世纪六十年代，当战略这个词浮现出来的时候，与之相伴而生的还有另外一个词：营销。营销更具体地表达了战略的内容，简单来说，就是找到企业生存的市场空间。

相比很多社会学科，管理的确是一门年轻的学科，事实上，任何一门学科诞生之初都是由"外人"创建，所以，不论是管理学科本身，还是当中的诸多重要枝干，奠基人多是来自学科外部。比如，德鲁克来自社会学和经济学，他关注组织是出于作为一名社会学者对于社会构成要素的深刻洞察，他关注顾客和创新又深受老师熊彼特的影响。泰勒最初算不上学者，就是一个实干家，在斯密经济学分工思想的时代背景下，他在实干中摸索出了提升工作效率的门道，从而在1910年代总结出了伟大的科学管理理论。法约尔、巴纳德和泰勒类似，都是实干家，同样在组织管理实践中摸索了组织的规律。韦伯作为社会学家，和巴纳德、德鲁克、法约尔共同奠定了组织理论。梅奥作为心理学家，因为对人的行为效率的解释和挖掘奠定了行为理论。继科学管理之后，组织理论和行为理论撑起了二十世纪前半部分的管理内容。

这个时期美国现代企业已经取得了超过四十年的增长，在这种客观条件的机会和基础上，新闻世家出身的钱德勒以历史的视角来纵览美国企业的成长，从而在二十世纪六十年代挖掘出了一个重要概念——战略，由此提升了管理的高度和视野，而战略也成为一切组织管理和安排的前提。

如果狭义发进行严格界定，战略已经成为管理之上的活动。领导者不能只是做管理工作，作为首脑必须有更多精力去制定战略。不论一个企业的管理水平有多高，一旦战略出现问题，企业就得不到绩效，甚至会倒下，战略就是企业的命运。

战略的核心内容是什么？在二十世纪的后半叶，经济学渗入管理学之后又促使战略的核心内容一点一点长了出来。先长出来的是营销，今天很多人都熟知的"营销学之父"菲利普·科特勒*就是经济学博士，并且师从著名的诺贝尔奖得主萨缪尔森，另外一位不太被人熟知的营销奠基人西奥多·莱维特*也是经济学博士，两位经济学者在二十世纪六十年代已经开始论述营销了。

*菲利普·科特勒

菲利普·科特勒（Philip Kotler，1931— ），美国管理学家，代表作为《营销管理》（*Marketing Management*）以及1969年发表在《营销学报》（*Journal of the Marketing*）第一期上的文章《拓展营销的概念》（*Broadening the Concept of Marketing*）。

*西奥多·莱维特

西奥多·莱维特（Theodore Levitt，1925—2006），美国管理学家，代表作为1960年发表在《哈佛商业评论》（*Harvard Business Review*）第四期上的文章《营销短视症》（*Marketing Myopia*）。

渐渐地，企业也开始懂得营销了，开始凭借各种各样的产品去开拓市场。产业丰富了，但是同行也多了，竞争也更激烈了。于是，在二十世纪八十年代左右又浮现出了另外一个关键词：竞争。产业经济学的学者波特开始提出竞争战略，告诉企业获取竞争优势的方法并不是多元化，而是要聚焦于扩大产业格局。这时候人们才知道了战略的空间感和力道。多元化只是空间大，但是力道不足，多元化并不是企业战略动作的初始逻辑，企业战略的根基之道是用聚焦的力道来把空间打开。

所谓战略，就是定位、聚焦我们要进入的产业，并在产业当中找到占据一席之地的方法：要么有别于他人，即所谓的差异化；要么做同样的事情比别人的耗费要低，即所谓的成本优势。

这就是战略的形成历史。至于我们今天常常见到的大企业合并，其实都是后面的事情，并不是企业战略的基本功。企业做出优势之后才有资本扩张，同样，企业也得有优势才有可能有人愿意开高价来买。如果懂得这个道理，也看到了战略内容的一点点丰富，从营销蔓延到竞争，既而明白战略的基础其实就是营销，再直接一点说，不论是制定战略还是执行战略，都是为了市场空间这个成果。

那么，如何凿出这个空间呢？

营销的视力测试：看见今天和明天的顾客

谈起营销，很多人都知道"营销学之父"是科特勒，但这里要先说另外一个在大众眼里可能没有那么大名气的人，这个人就是道破营销底层逻辑的莱维特。

◎ 营销穿透力

莱维特先是获得经济学博士学位,从三十岁开始,做了四年的企业顾问,1959年进入哈佛商学院,随即1960年就在《哈佛商业评论》发表了重要文章《营销短视症》。这篇文章直击了营销的根本:重心必须要放在顾客上面。很多企业已经得了"近视",只看到了企业自身或者产品本身,完全以自我为中心,而忽略了顾客的真正需要。做营销,顾客价值是第一位的,这才是真正健康的营销视野。所谓顾客价值,就是透视产品背后的顾客需要。因此,要真正捕捉市场,的确要拥有像狼一样敏锐的目光。这是营销的视力,也是战略的眼光。

科特勒也秉承这样的观点,原因很简单,因为他们有共同语言,都是经济学出身。一百多年前,经济学的分工思想进入管理学推动了管理理论和实践的效率进步;而半个多世纪之前,随着世界经济的进一步发展,当经济学再度进来的时候又带入了一个新的关键词或者新思维,就是顾客。

经济学之所以可以撬动起营销的本质,原因在于两个方面。一方面,经济学很在意市场的买卖双方,这里还不仅仅是供求平衡的表象,更重要的是,经济学底层逻辑中有两个基本概念——卖方市场和买方市场。前者指的是供不应求,东西少买的人多,所以卖方是"老大";后者相反,买方想买谁的就买谁的,一个进步的市场必定会步入以顾客主导的市场。另一方面,经济学很在意经济的增长,而消费正是经济增长的重要引擎。

结合这两个方面,我们就会知道为什么经济学特别在意消费者的偏好,在意供应端可以为消费者带来什么样的效用,用今天的管理学语言来讲,就是创造顾客价值。创造顾客价值是宏观经济增长的引擎,也是微观企业增长的引擎,甚至是每一个部门和人员增长的引擎。这就是顾客导向。所以,营销是一种视野,不是营销部门独有的事情,企业整体都要统一有这样的视野,这样才能成为一个健康可持续增长的企业。带着这种经济学的思维方式,才有了营销学里面的核心课程——消费者行为学。

◎ 看到并摸到顾客

事实上,这种思维方式在师从经济学家熊彼特的德鲁克身上早已经显现出来,早在1954年的《管理的实践》当中,德鲁克就对企业的目的做了明确界定,就是创造顾客。为了持续拥有顾客,企业要不断去问两个问题,今天的事业是什么,同时还要问明天的事业是什么,这样才能让企业创造顾客的事业持续有空间活下来。此外,德鲁克也在《管理的实践》中表达了营销眼光的穿透力,顾客要的并不是打孔机,要的是孔。

除此之外,德鲁克还是最早关注到渠道重要性的人。在1964年的《成果管理》当中,他把渠道列为企业成果产出的核心要素。产品要靠渠道来触摸顾客,否则即便看到顾客,也摸不到顾客,只能遥遥相望。《成果管理》是德鲁克关于战略的著作,渠道和产品、市场一起列入了贡献企业成果的三大战略要素,三大要素中以渠道为先，比产品还重要。所以，科特勒才说，如果自己是营销学之父，那德鲁克算得上是营销学的鼻祖了。

深耕：一点一点凿出大的生存空间

1960年，莱维特亮明了这张营销的底牌之后，比莱维特小六岁的科特勒就开始登场了，并且用他独特的营销方式让自己大放异彩，成为众所周知的"营销学之父"。1959年，34岁的莱维特在哈佛商学院开启了从教生涯，1960年发表了《营销短视症》，同年，29岁的科特勒到哈佛商学院做博士后。两年之后，科特勒到了美国西北大学，他没有选择教经济学，而是选择教营销。他发现当时并没有营销的教材，于是决定自己写教材，正是这个动作，奠定了他"营销学之父"的地位。

◎ 选择一个目标，一点一点去实现

科特勒本人就是一个典型的案例。不妨把他选择学科的这个动作称之为战略选择，而他拥有的头衔和地位称之为竞争优势。面对经济学和营销，他选择了新生的营销方向，但是带着经济学的智慧进来，而他之所以取得最后的优势，就在于他没有"乱"，坚定地投身于营销领域，并且拿出了一样产品，这个产品就是营销学的教材。

科特勒更厉害的地方在于，这个教材一写就是半个世纪，直到今天，他的教材还在不断再版升级，并且会持续不断地和年轻人合

03 管理：让一切成为最好的安排

作。他选择了教材这一个品类，从时间上就深耕了半个多世纪，从空间上也卖到了全世界。科特勒独特的地位和市场空间就是这样凿出来的。

在这个过程当中，科特勒也在为营销本身"打广告"，开辟着营销可应用的新天地。1960年，莱维特的经典文章《营销短视症》是告诉企业不要自我为中心，1969年，科特勒在《营销学报》上发表了文章《拓展营销的概念》来拓展营销的概念。这句话听起来拗口实则不然，科特勒是用行动表达了自己的远见，他开始拓展营销应用的新空间，《拓展营销的概念》就是在讲营销不是企业的专利，还适用于非营利性组织。

科特勒不断地拓展营销这个行业，或者说是在发展营销这门学科，而伴随着这个行业空间的发展，他的教材也有了更大的用武之地。想想看，如果营销的行业空间越来越小，那生存空间又在哪里呢？科特勒作为领头羊又有什么颜面和地位可言呢？从某种程度上说，教育是个非营利性的行业，但这也恰恰说明了营销思维的确可以帮助任何行业进步，科特勒说"营销万能"不是吹嘘的广告，是真正能应用到实践中的。

由此可以看出，科特勒不仅仅是个营销学的研究者，他本人就是一个真正的营销高手，深耕一个品类，从而"打遍天下无敌手"。有意思的是，他和他的老师萨缪尔森几乎承包了商学院中最大的教材量，萨缪尔森专注经济学教材，科特勒则深耕营销学教材，前者至今已经升级了二十版，后者也有十几版。不论是萨缪尔森还是科特勒，都在自己的领域当中赫赫有名，很多人一提到营销学第一反应就是科特勒。

这就是营销知识在营销学者身上的真正实践。对于企业来说不妨反思，我们一个品类的生命力究竟有多长呢？我们是否在不断拓展自己的行业呢？而在拓展的过程中我们是否冲在前线呢？还是已经掉线了？

◎ 珍爱自己选择的行业和事业

做好一个企业，做好一个产品，当然要有顾客导向，也要有从竞争中取得优势的意识，最重要是从内心里得有对一个行业的真正热爱和奉献。

我们不用担心其他同行会不会超过自己，也不用担心自己如此努力是不是给同行或者对手做了贡献。一定不要这样想，否则就会影响我们的专注度和投入度，所谓的行业厮杀就是这么来的，这是一个行业衰落或者消亡的征兆。以顾客为导向，我们作为个体去珍视和热爱这个行业，不断去推动这个行业的发展，就一定会有生存空间，如果我们真的为凿出大家的生存空间做了巨大贡献，那么，毫无疑问我们就是领先者。我们阻挡不了任何人进步，但任何人也阻挡不了我们自己进步。

要凿出空间，其实不难，只是需要我们保持专注，并且要再多一些付出。不管再怎么强调，总是有一些人会摇摆不定；总是会有一些人把自己有限的力量分散掉，浪费很多精力；总是有人在东张西望看别人开路；更有人被别人误导到处乱走。可是路一定是自己走出来的，不是看出来的，坚定的人一定是可以不断积蓄起巨大力量凿开巨大空间的人。滴水穿石不就是这个道理吗？哪怕是看似弱不禁风的一滴水，也可以日久穿石。

事实上，不论是莱维特、科特勒还是波特，这些经济学出身的人都很在意聚焦，这也是因为他们的共同语言：经济学。经济学很理性、很务实，它有一个最为基本的观点，即我们的资源是有限的，要让有限的资源生效而不是浪费。

珍惜生命，善行人生。我们行善的力量有多大，凿井的力量有多大，取决于我们内心对于生命和事业的珍爱、热爱。

凿井路上的陷阱：多元化

深耕说起来好像很容易，但是人们似乎更喜欢另外一个词：多元化。这就不得不提另外一个重要人物伊戈尔·安索夫*了，他挖掘出了积极的理论，但是却误导了一些低效的实践。更确切地说，在实践当中反面教材的出现不是因为理论本身有错，而是在增长欲望的驱动下对理论的误读。

> ***伊戈尔·安索夫***
>
> *伊戈尔·安索夫（Igor Ansoff, 1918—2002），美国管理学家，代表作为《公司战略》（Corporate Strategy）以及1957年发表在《哈佛商业评论》（Harvard Business Review）第五期上的文章《多元化战略》（Strategies for Diversification）。*

◎ 当心新名词：吃透背后的本质

日本企业在二战后成立了一个帮助日本崛起的科学技术联盟，事实上，在战时美国就有一个研究作战策略的"兰德计划"，"兰德"就是研发（Research and Development，RAND）的意思。从这个角度，战略这个词的确如德鲁克所说，在二十世纪中期的美国是一个战场上的术语，所以尽管德鲁克曾经有《成果管理》在讲战略的内容，但是并没有用战略作书名，免得大家误读。1948年，福特基金会继续资助兰德计划研究战略，成立了兰德公司这个研究机构。同时期通用汽车的斯隆基金会也资助麻省理工学院成立了斯隆管理学院，在斯隆管理学院也出现了很多关于行为理论的研究成果。

回到安索夫和兰德公司。安索夫出生于俄罗斯，但是在美国读的博士，毕业后从兰德公司创立起就在那里工作，从1948年至1956年，长达八年之久。1957年，在进入另外一家航空公司之后，他发表了一篇在当时看起来思想非常前卫的文章《多元化战略》。这篇文章不仅仅拥有创造力，同时也展示了他多年来积累的扎实功底。

二十世纪六十年代进入高校工作后，1965年，他出版了在此基础上的研究著作《企业战略》。因为安索夫的成果在时间上和钱德勒的《战略与结构》以及德鲁克的《成果管理》都在同一时期，因此，安索夫也是战略的重要奠基人之一，而他的战略也被尊称为"安索夫战略"。

03 管理：让一切成为最好的安排

说"安索夫战略"有着扎实的功底和创造力，这不是虚词，是真实的。可惜太多人忽略掉了扎实的功底，被那个最前沿的概念——多元化战略所吸引。

安索夫战略是一个确切地描述营销内容的战略，描述了一个企业成长的两个基本纬度：一个是产品，一个是市场，或者称之为地域。而从时间上来看，企业要布局现在和未来，会有现在的产品和未来的产品，也会有现在的市场和未来的市场，这样两两组合，就有了四种战略。

安索夫战略的基础架构非常扎实，就内容来说已经体现出了对于空间的深耕。比如，把现有产品放在现在聚焦的市场上做深度的渗透，把这个市场做满了，再进入新的区域；比如跨省份、甚至跨国经营，或者把这个产品做到极致了，再用创新产品继续填补现有市场。

如果我们真正读懂了安索夫战略的本质，就一定可以拨开多元化的外衣，认识到其内涵的核心本质其实是双元化。

双元化和多元化一字之差，但有质的不同。双元化就是德鲁克所讲的看见今天和明天的顾客，也就是安索夫战略中的时间坐标，现在和未来。一个企业要先做好现在的业务，在此基础上去培养未来业务，新的老去，再有新的出来，这样就能实现良性的循环。从历史的发展来看，企业当然会做很多产品，会呈现出多元化，但多元化是现象而不是本质，不是绩效背后的方法论。

我们现在是按照这种清晰的思路很认真地分析这套战略，注意力就会放在深耕上，当然不会出现问题。但是如果没有上面的本质分析，就很容易被多元化这个题目或者内容框架当中多元化这个前卫的词所吸引。不断去做全新的产品和市场，这也是多元化，这意味着无限的横向拓展，看起来好像拥有无限的空间，这就是成长的"诱惑"。

如果前面的每一步都在扎实地走，现有的产品和市场都可以吃透，继续往后走是没有问题的。不过，若是没有前面的扎实功底，多元化就会成为一种盲目行为，尤其是对于取得了一定成绩或者拥有过成功的人和企业来说。

因此，多元化本来是一个很好的概念，但是不得不说，不论是身于战争胜利者的角色当中，还是作为已经发展了半个世纪的现代化企业，多元化这个词的确让二十世纪中期的美国企业变得有些浮躁，失去理智。很多企业开始开展多元化战略，而此时日本作为起初的劣势一方，其企业反而稳扎稳打，更加明智。

对于由盛而衰者，成功是失败之母；对于转败为胜者，失败是成功之母。孤寂与无奈的那一刻，反而容易抓住救命稻草，孤注一掷，绝地反击。就像是美国刚成立时一无所有，把欧洲的《国富论》视作珍宝，从而成为了真正用效率创造国民财富的实践者，也因此有了管理这门知识。

同样真实的故事仍然在发生。1950年，美国人戴明在美国讲要一点一点进步的时候没人听，但却被日本企业当成了救命稻草，于是日本企业在后来的三十年里做到了后来者居上，丰田、本田、索尼等等，这批独角兽企业让美国企业措手不及。而此时的美国企业却在这个过程中长出了"大企业病"，通用电气就是其中的代表。这一时期的美国企业的确掉入了多元化的陷阱,庆幸的是,美国学者和企业共同努力,让自己全力挣脱了出来。

收缩:少就是多

从1980年开始,一系列的管理学力作浮现出来,作为方法论指引美国企业回归。1980年,《竞争战略》出版,波特开始讲战略聚焦;1982年,《追求卓越》出版,彼得斯开始讲回归主业、重视基本功;而对多元化更是一针见血地击中要害的是1990年的《哈佛商业评论》文章《企业核心竞争力》。当时有人质疑,为什么有的日本企业就成功实现了"多元化"?对此,普拉哈拉德*和加里·哈默*直击要害,阐明那是因为那些成功的日本企业有核心能力,而那些失败的美国企业没有。简单地说,两家企业表面看似都是在做10个相同的业务,但是内在的逻辑不同:一个是在盲目做,一个是遵循内在的核心一点点做出来的。前者是盲目多元化,而后者的重点在于内在的核心能力。这才有了企业的核心能力或者核心竞争力这个概念。

*普拉哈拉德

普拉哈拉德(C. K Prahalad, 1941—2010),印度美国双籍管理学家,代表作为《金字塔底层的财富》(The Fortune at the Bottom of the Pyramid)以及1990年与加里·哈默合作发表在《哈佛商业评论》(Harvard Business Review)第

三期上的文章《企业核心竞争力》（The Core Competence of the Corporation）。

*加里·哈默

加里·哈默（Gary Hamel，1954— ），美国管理学家，代表作为《管理的未来》（The Future of Management）以及1990年与普拉哈拉德合作发表在《哈佛商业评论》（Harvard Business Review）第三期上的文章《企业核心竞争力》（The Core Competence of the Corporation）。

二十世纪八十年代，美国企业开始领悟到要积极迎接日本企业的挑战，需要企业的自我调整。这个时候，多元化的企业开始做收缩，重塑核心竞争力，最为典型的依然是通用电气的行动，也就是韦尔奇令通用电气起死回生的"数一数二"战略。

从这个时期开始，美国企业的增长回归理性了。到了二十世纪九十年代，得到了一定的复苏，但是大企业病还是没有得到根治。要根治，除了恢复现有的竞争力之外，重要的是做出面对未来的变革。在这个时期，对全美国甚至全世界非常有影响力的一本书就出来了，那就是《基业长青》。柯林斯去分析美国的百年企业，去挖掘这些企业能够挺过大风大浪并且依然拥有活力背后的方法论，于是就有了"变与不变"的结论。值得一提的是，这个结论借鉴了东方文化的阴阳智慧，企业要保持自己的核心，但同时也要不断变化。这样就又把核心能力这个概念进一步打开了，把组织变革融进来了，如此一来，企业才能够在扎实的状态下又不至于死板，才能"长生不老"。

在二十世纪九十年代，最典型的企业实践莫过于IBM。IBM延续了其多年运算积累的智慧能力，开始向软性的服务方向寻求转型，这才让IBM这头大象重新舞动起来。自通用电气的"瘦身"和IBM的转型之后，美国已经很少再出现什么都做的庞然大物了，没做出及时改变的庞然大物也没能活下来。不少企业都学会了在转型的同时关闭或者出售业务，这让一个企业聚焦于核心业务，竞争力变得更强了。

大企业病治好了，就可以健康长寿了。在健康长寿的基础上，如果可以再大一些就更好了。所以方法论的挖掘还在继续，进入新世纪之后，哈佛商学院出版社又出版了《蓝海战略》，提醒企业不要陷入彼此厮杀的红海，而是要游向蔚蓝的大海。言外之意是说，要把市场做得更大，而不是去抢现有的蛋糕。方法论就是找出与现有同行不同的顾客价值关键点，把之前没有放在这些点上的资源全部收回来，资源集中投放在这些点上，这样成本损耗低，同时可以开辟出新的更大市场，因为顾客喜欢，顾客就是那片蓝海。

这就是有价值的创新。不过说到底，似乎又没有什么神秘可言，不依旧是聚焦顾客，做市场的深耕吗？

文化在悄然陪伴着我们

现在我们才真正知道，为什么这些年来一路会有理论出来提醒我们，或者说指导我们回归正轨，因为我们在前进的过程中容易不知不觉迷失自我。

如今再来想想，不论是《追求卓越》，还是《基业长青》，这些方法论到底是在讲什么？本质上是在塑造企业优秀的行为习惯，这就是文化。当这些研究成果成为一个时代的印记时，当很多企业和员工一起学习回归基本功、变与不变这些理念时，当这些优秀的理念转变为行为习惯时，才能够真正触碰到卓越，才能够真正做到基业长青。《基业长青》曾经是马云和柳传志带领团队学习的宝典，因为这可以让大家在思想上高度一致，甚至让两家公司作为合作伙伴，从而更容易达成共识，再加上方法论本身的有效性，就会给成长带来真实的帮助。从德鲁克到柯林斯，当管理的方法论被人们学习并转化为行动和绩效时，管理才真正成为学科，这门知识才能真正提升人和企业的文化水平。只有知识转变为行动和绩效时，才化身为文化。

同样的道理，进入新世纪之后，因为中国企业已经有了初步的成长，并且在持续成长当中，我们也有了一定的基础来不断总结中国企业成长的方法论。例如陈春花在《领先之道》当中的总结，中国企业要成长，很重要的是要做到"中西合璧"，除了传承中国优秀的文化理念，同时要融入西方理性、严谨的管理方法论，这样我们就有机会在前行的赛道上领先。

秉承中华民族艰苦奋斗的优良传统，并坚定贯彻执行"华为基本法"就是《领先之道》的典型做法，这也成为华为赢得巨大市场业绩的利器。再想想华为努力守住技术核心，并以此为基础做战略转型，这种做法又呈现了《基业长青》"变与不变"的方法论，这是华为可以做好现在并拥有未来的基础。华为三十多年持续领先的秘密背后体现的是《领先之道》与《基业长青》的方法论，这本身就是中西合璧。

中西合璧看似简单，在前行路上却常常被我们忽略掉，要么不去接受新事物，要么一味地求新而丢掉或忽略了手头上的美好。如同当年美国企业的《基业长青》进入中国，在2018年的尼山国际讲坛上，中国企业的《领先之道》也用英文版的方式登陆美国，这让世界更多地方看到了中国企业和管理在改革开放四十年当中的进步和努力。

这是研究者的努力，但同时更是得益于中国企业和中国人的努力，因为我们四十多年来对于改革开放的聚焦，才让我们的中国企业可以扎根本土取得绩效，才能在此基础上迈向下一个市场。这依然是营销战略的智慧，坚持做美好的事物，一定会有更广阔的未来。

后记

如果读者是从头到尾坚持读到现在,不妨回想一下刚刚开始读的时候的感觉,再想想现在的感觉,做个对照,希望是,内心更有谱了,更踏实了。

刚开始或许有些不安,甚至会有些许的不适,不论是来自工作和生活的迷茫或困境,还是因为很多管理的知识触动到了自己的脆弱或敏感之处,但是,只要受到触动,相信那个部分就是改变和改善的起点。而管理的历史所沉淀的知识,就是我们自我改善的方法论。

所以,相信读到最后,我们会感受到自己不再不安、不再孤独,因为已经有管理相伴。这个"管理"如同一个人物,但不是我们的上司,也不是我们的下属,而是另外一个自己。这个自己也许比我们更懂得自律,比我们更敢于担当,比我们更懂得珍惜生命,比我们更懂得珍惜身边的一切,比我们更会用心做出美好的安排,甚至比我们更懂得感恩。不学管理之前,也许我们感受不到这样的自己的存在,实践管理之后,我们就会成为全新的自己。我们变了,周遭的一切就会发生改变,那时,一切都会成为最好的安排。

笔者曾经见过一批创业者和经理人在一起复盘自己的人生,横坐标是时间，纵坐标代表自己的成就。这些人从能记事时起开始回顾，从小学开始，回顾的事情从学习成绩到工作成绩、从恋爱到家事都包含在内。整体的方向都是上升的，但是当中都有不同程度的起伏。对于这些起伏点，所有的人都有一个共同的认知：在一件事情的成绩滑落到低点的时候，原因都是因为自己不够专注，而当自己重新把一件事情做好的时候，也只有依靠回归和专注，用心去对待。这就是管理。

真正的管理，其实就是管好我们自己。

在人生和企业成长的时间轴线之上，因为管理，一定会让"线"呈现出不一样的画面。复盘每一个人的人生和每一个企业的路途，我们就一定会懂得管理与绩效的关系。复盘上下五千年如此，管理百年如此，历史的沉浮都是如此，你我更不例外。而当管理的规律从中沉淀下来的时候，当我们可以捕捉到这个规律的时候，对于接下来的路，一定是一件幸事。

这个时候，我们本以为固定在掌心的生命线其实已经跃然纸上，从现在开始，我们只需要画出未来，安下心来，踏实地去走，一定会成就最好的自己。

也许我们很希望全世界都铺满地毯，但不如自己穿上鞋子，管好自己，原来路才可以平坦。

这时，一切才是最好的安排。

致谢

和很多"上有老下有小"的普通人一样,对于我们来说,一件事情或一份工作得以完成,离不开身边家人提供的支持和动力。所以,首先感谢我的父母、太太和两个孩子,我和太太都在认真工作,同时也在照料家庭,而因为父母的帮助,让我们可以多一些时间给工作,这是万千普通家庭的缩影。感动之余,也驱使我把自己的研究工作做得更有意义,希望因为自己的付出可以让一个平凡的家庭感受到自己的付出多一点的意义。就像我的工作是一个管理专业的大学老师和研究者,我总希望多花一点时间在这上面来让工作变得更有意义,庆幸的是家人可以理解和支持。一个可以"不乱",可以和睦相处的家庭就是一个幸福的家庭,这应该是可以贯穿历史、现在和未来同时亦可以贯穿东西方的道理,我也希望读者朋友们可以平衡好工作和家庭,让很多看似杂乱的事情因"不乱"而向好。

作为一名管理专业的学生,我特别感谢陈春花教授。她是我十多年前的博士生导师,我对管理学科的认知源于陈教授的课程学习和研究指导,这对我的专业基础奠定了至关重要的作用,尤其是对于管理经典和学科发展的认知和探索,对我有极大的启发和帮助。

作为一名管理专业的教师，我非常感谢我所任教的上海大学。和很多课程不同，我的课程并不时尚，反而以教材中很少看到的学科历史作为重要基础。出乎我意料的是，讲陈年的历史竟然受到这些时尚年轻人的喜欢，学生评教进入全校所有课程的前1%，我甚至没有教材、没有PPT，但我有今天已经鲜有人用的板书和管理专业的逻辑脉络，学生说，这正是他们喜欢的原因。这种肯定对于一位老师来说是莫大的鼓舞。除此之外，因为我对组织理论的关注，上海大学组织部亦邀请我为组织部和全校所有学院的组织工作人员展开组织理论的培训，这些老师们有各自不同的专业背景，但当我回到管理学科本源的历史视角来和老师们分享时，似乎这门专业瞬间进入了各个学科，让管理对于一个陌生人来讲变得通透，也让他们彼此之间变得通透，所有人都"不乱"，可以更好地展开分工和协作，而不是彼此消耗，更不是无意义的效率浪费。这些老师们给予我的反馈，也让我增强了研究学科历史的信心。

当我完成本书的研究写作时，我很幸运地遇到了高顿图书事业部总经理李菁老师，研究得到了她的认可并愿意帮助出版，这让我非常感激。在出版过程中，贝页文化编辑们做了很多细致的工作，包括开展读者的预调研并提出改进建议，以及对于书名的讨论和确定。这些包括读者、编辑出版和发行人员等在内的老师们都是本书的重要贡献者，笔者在此一并表示感谢。

当然，最后还是感谢正在阅读本书的每一位读者，感谢您在百忙之中拿出宝贵的精力来阅读本书，也希望您能从本书中获得一些收获或者一丝启发，从而对您的学习、工作或者生活能有所帮助，这是作为作者最希望的事情。当然，限于能力，本书也难免有不当之处，也敬请各位读者老师们雅正。

刘祯

2020 年 5 月于上海

参考文献

埃德莎姆 Y H. 德鲁克的最后忠告[M], 吴振阳, 倪建明, 译. 北京：机械工业出版社, 2008

巴纳德 C I. 经理人员的职能[M]. 王永贵, 译. 北京：机械工业出版社, 2007

彼得斯 T J, 沃特曼 R H. 追求卓越[M]. 胡玮珊, 译. 北京：中信出版社, 2007

波特 M E. 竞争战略[M]. 陈小悦, 译. 北京：华夏出版社, 2005

陈春花, 赵曙明, 赵海然. 领先之道[M]. 北京：机械工业出版社, 2016

陈春花. 从理念到行为习惯[M]. 北京：机械工业出版社, 2016

陈春花. 管理的常识[M]. 北京：机械工业出版社, 2016

大内 W O. Z理论[M]. 朱雁斌, 译. 北京：机械工业出版社, 2007

德鲁克 P F. 创新与企业家精神[M]. 蔡文燕, 译. 北京：机械工业出版社, 2009

德鲁克 P F. 管理的实践[M]. 齐若兰, 译. 北京：机械工业出版社, 2008

德鲁克 P F. 成果管理[M]. 朱雁斌, 译. 北京：机械工业出版社, 2008

德鲁克 P F. 公司的概念[M]. 慕凤丽, 译. 北京：机械工业出版社, 2009

冯友兰. 中国哲学简史[M]. 北京：北京大学出版社, 2013

金 W C, 莫博涅 R. 蓝海战略[M]. 吉宓, 译. 北京：商务印书馆, 2016

柯林斯 J, 波勒斯 J I. 基业长青[M]. 真如, 译. 北京：中信出版社, 2009

克雷纳 S. 管理百年[M]. 闾佳, 译. 北京：中国人民大学出版社, 2013

雷恩 D A. 管理思想史[M]. 孙健敏, 黄小勇, 李原, 译. 北京：中国人民大学出版社, 2009

刘祯, 陈春花, 徐梅鑫. 经营、管理与效率：来自管理经典理论的价值贡献[J]. 管理学报, 2012, 9（9）：1268~1276

刘祯. 管理的盛宴[M]. 北京：企业管理出版社, 2019

刘祯. 效率革命[M]. 杭州：浙江大学出版社, 2019

马斯洛 A H. 动机与人格[M]. 许金声, 等, 译. 北京：中国人民大学出版社, 2007

麦格雷戈 D. 企业的人性面[M]. 韩卉, 译. 北京：中国人民大学出版社, 2008

梅奥 G E. 工业文明的人类问题[M]. 陆小斌, 译. 北京: 电子工业出版社, 2013
钱德勒 A D. 战略与结构[M]. 孟昕, 译. 昆明: 云南人民出版社, 2002
圣吉 P M. 第五项修炼[M]. 张成林, 译. 北京: 中信出版社, 2009
斯密 A. 国富论[M]. 罗卫东, 译. 杭州: 浙江大学出版社, 2016
泰勒 F W. 科学管理原理[M]. 马风才, 译. 北京: 机械工业出版社, 2009
沃纳 M. 管理思想全书[M]. 韦福祥, 译. 北京: 人民邮电出版社, 2009

Ansoff H I. *Corporate Strategy* [M]. New York: McGraw-Hill, 1965

Ansoff H I. *Strategies for Dversification* [J]. Harvard Business Review, 1957, 35(5), 113~124

Argyris C. *Double Loop Learning in Organizations* [J]. Harvard Business Review, 1977, 55(5): 115~124

Argyris C. *Personality and Organization* [M]. New York: Harper & Row, 1957

Bennis W G. *Organization Development* [M]. New York: Addison-Wesley, 1969

Herzberg F. *One More Time: How Do You Motivate Employees?* [J]. Harvard Business Review, 1968, 46(1): 53~62

Ishikawa K. *What is Total Quality Control? The Japanese Way* [M]. Englewood Cliffs: Prentice Hall, 1985

Katz R L. *Skills of an Effective Administrator: Performance Depends on Fundamental Skills Rather than Personality Traits* [J]. Harvard Business Review, 1955, 33(1): 33~42

Kim W C, Mauborgne R. *Blue Ocean Strategy* [M]. Boston: Harvard Business School Press, 2005

Kotler P, Levy S J. *Broadening the Concept of Marketing* [J]. Journal of the Marketing, 1969, 33(1): 10~15

Kotter J P. *A Force for Change: How Leadership Differs from Management* [M]. New York: Free Press, 1990

Levitt T. *Marketing Myopia* [J]. Harvard Business Review, 1960, 38(4): 45~56

Maslow A H. *A Theory of Human Motivation* [J]. Psychological Review, 1943, 50(4): 370~396

Maslow A H. *The Farther Reaches of Human Nature* [M]. New York: Viking Press, 1971

McClelland D C. *The Achieving Society* [M]. New York: Free Press, 1961

McGregor D. *The Human Side of Enterprise* [M]. New York: McGraw-Hill, 1960

Mintzberg H. *The Manager's Job: Folklore and Fact* [J]. Harvard Business Review, 1975, 53(4): 49 ~ 61

Prahalad C K, Hamel G. *The Core Competence of the Corporation* [J]. Harvard Business Review, 1990, 68(3): 79 ~ 71

Schein E H. *Coming to a New Awareness of Organizational Culture* [J]. Sloan Management Review, 1984, 25(2): 3 ~ 16

Schein E H. *Organizational Psychology* [M]. Englewood Cliffs: Prentice Hall, 1965

Senge P M. *The Fifth Discipline: The Art and Practice of the Learning Organization* [M]. New York: Doubleday Currency, 1990

Simon H A. *Administrative Behavior* [M]. 4th ed. New York: Free Press, 1997

> 管理是一种文化。刘祯博士从历史和文化的角度出发,研究管理的历程及其深层含义,这本著作值得我们一读并深思。

苏勇
教授 博士生导师
复旦大学东方管理研究院院长
复旦大学管理学院企业管理系主任

> 在《不乱:极简管理的艺术》一书中,刘祯博士以历史视角打开了管理学之门,系统梳理了中西方管理学理论的演变历程与精髓,对于管理者、创业者而言具有深刻的启发意义,是管理者、创业者的必备读物。在近30年的职业生涯中,我曾担任过多家跨国企业的管理者,也正以创业者的身份参与并见证着中国智能新能源汽车产业波澜壮阔的发展历程。多年的管理实践,使我坚信管理学的本质,就是回归常识、回归朴素、回归真理、回归简单、回归商业理性。大道至简,刘祯博士在书中的观点我深为认同。

沈晖
威马汽车创始人

> "不乱"可以让企业专注客户,聚焦战略,提升效率,取得增长。做到"不乱",并非难以企及,需要经营团队在管理上的深刻认知和有效实践。百年以来,有无数的企业不仅推动了社会文明的进步,更让我们看到了熠熠生辉的伟大企业实践和伟大管理思想,如果在此之上化繁为简,按照历史的指北去经营,企业就能做到"不乱",亦即本书的"大道至简"。

谢赟
上海德拓信息技术股份有限公司董事长 上海市领军人才

陈维靖
德高信集团董事长 广东省政协委员

> 管理是一门复杂的艺术,大部分的企业管理者对管理的认知都处于一种似懂非懂的状态。本书中刘老师化繁为简,把握本质,从复杂的管理体系中,提炼出管理理论要点,帮助企业管理者应用在管理实践当中,值得一读。

邓斌
华为原中国区
规划咨询总监
《华为管理之道》
作者

> 任正非有一句精辟的话:领导一个组织,是基于人性和基于时空变化所带来的"无序"的警惕与变革。这与刘祯博士的"不乱"极简管理主张有异曲同工之妙。本书融入作者扎实的管理理论功底、时代的洞见以及有意思的管理案例,值得每一位中国企业家和企业高管认真研读。

图书在版编目（CIP）数据

不乱：极简管理的艺术 / 刘祯著. — 上海 : 文汇出版社, 2020.9
ISBN 978-7-5496-3306-7

Ⅰ.①不… Ⅱ.①刘… Ⅲ.①管理学 - 通俗读物 Ⅳ.① C93-49

中国版本图书馆 CIP 数据核字（2020）第 163695 号

中文版权 © 上海阅薇图书有限公司
经授权，上海阅薇图书有限公司拥有本书的中文版权

不乱：极简管理的艺术

作　　者 / 刘　祯
责任编辑 / 戴　铮
封面设计 / Monocolour
版式设计 / 汤惟惟
出版发行 / 文汇出版社
　　　　　上海市威海路 755 号
　　　　　（邮政编码：200041）
印刷装订 / 上海颛辉印刷厂
版　　次 / 2020 年 9 月第 1 版
印　　次 / 2020 年 9 月第 1 次印刷
开　　本 / 880 毫米 × 1230 毫米　1/32
字　　数 / 134 千字
印　　张 / 6.25
书　　号 / ISBN 978-7-5496-3306-7
定　　价 / 58.00 元

侵权必究
装订质量问题，请致电 010-87681002（免费更换，邮寄到付）